教育勅語

少年昭和天皇への進講録

杉浦重剛〈著〉・〈解説〉所 功

勉誠社

JN085286

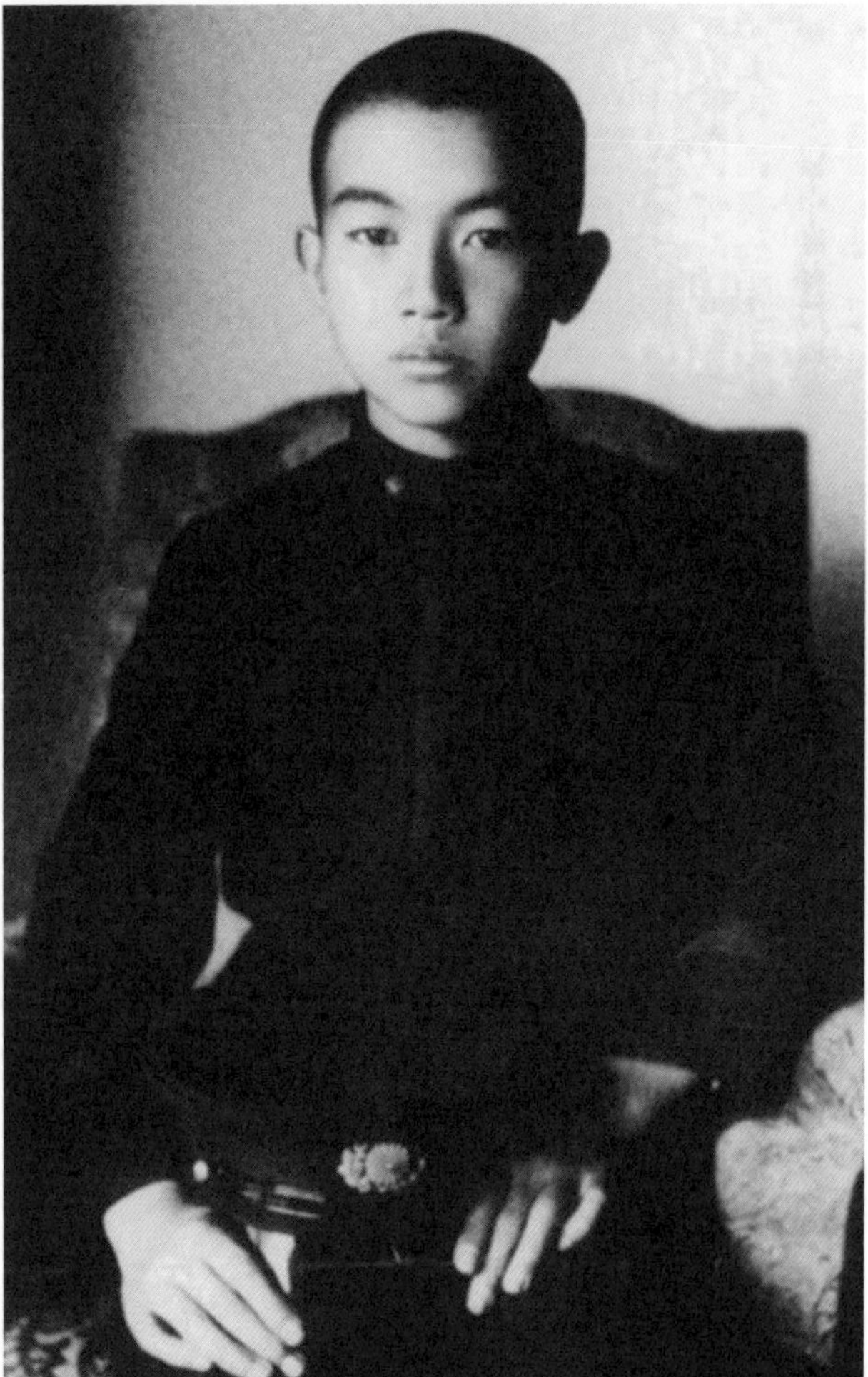

東宮御学問所御入学時（大正三年、満13歳）の
皇太子裕仁親王（御学友永積寅彦氏旧蔵写真）

目　次

「教育勅語」の原本

明治二十三年（一八九〇）十月三十日、天皇より下賜された（原本：東京大学所蔵）

朕惟フニ我カ皇祖皇宗國ヲ肇ムルコト
宏遠ニ德ヲ樹ツルコト深厚ナリ我カ臣
民克ク忠ニ克ク孝ニ億兆心ヲ一ニシテ
世世厥ノ美ヲ濟セルハ此レ我カ國體ノ
精華ニシテ教育ノ淵源亦實ニ此ニ存ス
爾臣民父母ニ孝ニ兄弟ニ友ニ夫婦相和
シ朋友相信シ恭儉己レヲ持シ博愛衆ニ
及ホシ學ヲ修メ業ヲ習ヒ以テ智能ヲ啓
發シ德器ヲ成就シ進テ公益ヲ廣メ世務
ヲ開キ常ニ國憲ヲ重シ國法ニ遵ヒ一旦
緩急アレハ義勇公ニ奉シ以テ天壤無窮
ノ皇運ヲ扶翼スヘシ是ノ如キハ獨リ朕
カ忠良ノ臣民タルノミナラス又以テ爾
祖先ノ遺風ヲ顯彰スルニ足ラン
斯ノ道ハ實ニ我カ皇祖皇宗ノ遺訓ニシ
テ子孫臣民ノ倶ニ遵守スヘキ所之ヲ古
今ニ通シテ謬ラス之ヲ中外ニ施シテ悖
ラス朕爾臣民ト倶ニ拳拳服膺シテ咸其
德ヲ一ニセンコトヲ庶幾フ

明治二十三年十月三十日

睦仁

天皇御璽

「教育勅語」の全文（句読点・総振仮名、常用漢字）

朕惟《ちんおも》フニ、我《わ》ガ皇祖皇宗《こうそこうそう》、国《くに》ヲ肇《はじ》ムルコト宏遠《こうえん》ニ、徳《とく》ヲ樹《た》ツルコト深厚《しんこう》ナリ。我《わ》ガ臣民《しんみん》、克《よ》ク忠《ちゅう》ニ克《よ》ク孝《こう》ニ、億兆心《おくちょうこころ》ヲ一《いつ》ニシテ、世々《よよ（せいせい）》厥《そ》ノ美《び》ヲ済《な》セルハ、此《こ》レ我《わ》ガ国体《こくたい》ノ精華《せいか》ニシテ、教育《きょういく》ノ淵源《えんげん》、亦実《またじつ》ニ此《ここ》ニ存《そん》ス。

爾臣民《なんじしんみん》、父母《ふぼ》ニ孝《こう》ニ、兄弟《けいてい》ニ友《ゆう》ニ、夫婦相和《ふうふあいわ》シ、朋友相信《ほうゆうあいしん》ジ、恭倹己《きょうけんおの》レヲ持《じ》シ、博愛衆《はくあいしゅう》ニ及《およ》ボシ、学《がく》ヲ修《おさ》メ、業《ぎょう》ヲ習《なら》ヒ、以《もっ》テ智能《ちのう》ヲ啓発《けいはつ》シ、徳器《とっき》ヲ成就《じょうじゅ》シ、進《すす》ンデ公益《こうえき》ヲ広《ひろ》メ、世務《せいむ》ヲ開《ひら》キ、常《つね》ニ国憲《こっけん》ヲ重《おも》ンジ、国法《こくほう》ニ遵《したが》ヒ、一旦緩急《いったんかんきゅう》アレバ、義勇公《ぎゆうこう》ニ奉《ほう》ジ、以《もっ》テ天壌無窮《てんじょうむきゅう》ノ皇運《こううん》ヲ扶翼《ふよく》スベシ。是《かく》ノ如《ごと》キハ、独《ひと》リ朕《ちん》ガ忠良《ちゅうりょう》ノ臣民《しんみん》タルノミナラズ、又以《またもっ》テ爾祖先《なんじそせん》ノ遺風《いふう》ヲ顕彰《けんしょう》スルニ足《た》ラン。

斯《こ》ノ道《みち》ハ、実《じつ》ニ我《わ》ガ皇祖皇宗《こうそこうそう》ノ遺訓《いくん》ニシテ、子孫臣民《しそんしんみん》ノ倶《とも》ニ遵守《じゅんしゅ》スベキ所《ところ》、之《これ》ヲ古今《ここん》ニ通《つう》ジテ謬《あやま》ラズ、之《これ》ヲ中外《ちゅうがい》ニ施《ほどこ》シテ悖《もと》ラズ。朕《ちん》、爾臣民《なんじしんみん》ト倶《とも》ニ拳々服膺《けんけんふくよう》シテ咸其徳《みなそのとく》ヲ一《いつ》ニセンコトヲ庶幾《こいねが》フ。

明治二十三年十月三十日

御名《ぎょめい》　御璽《ぎょじ》

（文部省著作『尋常小学修身書』巻六所載文参照）

「教育勅語」の現代語訳

(一) 朕惟《ちんおも》うに、我《わ》が皇《こう》祖皇宗《そこうそう》、国《くに》を肇《はじ》むること宏遠《こうえん》に、徳《とく》を樹《た》つること深厚《しんこう》なり。我《わ》が臣民《しんみん》、克《よ》く忠《ちゅう》に克《よ》く孝《こう》に、億兆《おくちょう》心《こころ》を一《いつ》にして、世世厥《よよそ》の美《び》を済《な》せるは、此《こ》れ我《わ》が国体《こくたい》の精華《せいか》にして、教育《きょういく》の淵源《えんげん》、亦実《またじつ》に此《ここ》に存《そん》す。

(二) 爾臣民《なんじしんみん》、①父母《ふぼ》に孝《こう》に、②兄弟《けいてい》に友《ゆう》に、③夫婦相《ふうふあい》

(一) 私の思っていることを述べますと、国民《こくみん》の皆《みな》さん、私《わたくし》どもの祖先《そせん》は、国《くに》を建《た》て初《はじ》めた時《とき》から、道義道徳《どうぎどうとく》を大切《たいせつ》にする、という大《おお》きな理想《りそう》を掲《かか》げてきました。そして全国民《ぜんこくみん》が、国家《こっか》と家庭《かてい》のために心《こころ》を合《あ》わせて力《ちから》を尽《つ》くし、今日《こんにち》に至《いた》るまで見事《みごと》な成果《せいか》をあげることができたのは、わが日本《にほん》のすぐれた国柄《くにがら》のおかげであり、またわが国《くに》の教育《きょういく》の基《もと》づくところも、ここにあるのだと思われます。

(二) 国民《こくみん》の皆《みな》さん、あなたを生《う》み育《そだ》ててくださった①両親《りょうしん》に、「お父《とう》さんお母《かあ》さん、ありがとう」と、感謝《かんしゃ》しましょう。②兄弟《きょうだい》のいる人《ひと》は、「一緒《いっしょ》にしっかりやろうよ」と、仲良《なかよ》く励《はげ》ましあいましょう。縁《えん》あって結《むす》ばれた③夫婦《ふうふ》は、「二人《ふたり》で助《たす》けあっていこう」と、いつまでも協力《きょうりょく》しあいましょう。④学校《がっこう》などで交《まじ》わりをもつ友達《ともだち》とは、「お互《たが》い、わかっているよね」と、信《しん》じあえるようになりましょう。また、⑤もし間違《まちが》ったことを言ったり

和《わ》し、④朋友相信《ほうゆうあいしん》じ、⑤恭《きょう》倹己《けんおのれ》を持《じ》し、⑥博愛衆《はくあいしゅう》に及《およ》ぼし、⑦学《がく》を修《おさ》め、業《ぎょう》を習《なら》い、以《もっ》て智能《ちのう》を啓発《けいはつ》し、徳器《とっき》を成就《じょうじゅ》し、⑧進《すすん》で公益《こうえき》を広《ひろ》め、世務《せいむ》を開《ひら》き、⑨常《つね》に国憲《こっけん》を重《おもん》じ、国法《こくほう》に遵《したが》い、⑩一旦緩急《いったんかんきゅう》あれば、義《ぎ》勇公《ゆうこう》に奉《ほう》じ、以《もっ》て天壌《てんじょう》無窮《むきゅう》の皇運《こううん》を扶翼《ふよく》すべし。

是《かく》の如《ごと》きは、独《ひと》り朕《ちん》が忠《ちゅう》良《りょう》の臣民《しんみん》たるのみならず、又以《またもっ》て⑪爾祖先《なんじそせん》の遺《い》

行《おこな》った時《とき》は、すぐ「ごめんなさい、よく考《かんが》えてみます」と自《みずか》ら反省《はんせい》して、謙虚《けんきょ》にやりなおしましょう。⑥いつも慎み深く思《おも》いやりの心《こころ》をもって「みんなにやさしくします」と、博愛《はくあい》の輪《わ》を広《ひろ》げましょう。⑦誰《だれ》でも自分《じぶん》の能力《のうりょく》と人格《じんかく》を高《たか》めるために学業《がくぎょう》や鍛錬《たんれん》をするのですから、「進《すす》んで勉強《べんきょう》し努力《どりょく》します」という意《い》気込《きご》みで、知徳《ちとく》を磨《みが》きましょう。

さらに、⑧一人前《いちにんまえ》の実力《じつりょく》を養《やしな》ったら、それを活《い》かせる職業《しょくぎょう》につき、「喜《よろこ》んでお手伝《てつだ》いします」という気持《きも》ちで公《おおやけ》＝世《よ》のため人《ひと》のため働《はたら》きましょう。⑨ふだんは国家《こっか》の秩序《ちつじょ》を保《たも》つために必要《ひつよう》な憲法《けんぽう》や法律《ほうりつ》を尊重《そんちょう》し、「約束《やくそく》は必《かなら》ず守《まも》ります」と心《こころ》に誓《ちか》って、ルールに従《したが》いましょう。⑩もし国家《こっか》の平和《へいわ》と国民《こくみん》の安全《あんぜん》が危機《きき》に陥《おちい》るような非常事態《ひじょうじたい》に直面《ちょくめん》したら、愛《あい》する祖国《そこく》や同胞《どうほう》を守《まも》るために、それぞれの立場《たちば》で「勇気《ゆうき》を出《だ》してがんばります」と覚《かく》悟《ご》を決《き》め、力《ちから》を尽《つ》くしましょう。

いま①～⑩に述《の》べたようなことは、善良《ぜんりょう》な日本国民《にほんこくみん》として不《ふ》可欠《かけつ》の心得《こころえ》であると共《とも》に、その実践《じっせん》に努《つと》めるならば、⑪皆《みな》さんの

風《ふう》を顕彰《けんしょう》するに足《た》らん。

（三）斯《こ》の道《みち》は、実《じつ》に我《わ》が皇祖皇宗《こうそこうそう》の遺訓《いくん》にして、子孫臣民《しそんしんみん》の倶《とも》に遵守《じゅんしゅ》すべき所《ところ》、之《これ》を古今《ここん》に通《つう》じて謬《あやま》らず、之《これ》を中外《ちゅうがい》に施《ほどこ》して悖《もと》らず。

（四）⑫朕《ちん》、爾臣民《なんじしんみん》と倶《とも》に拳拳服膺《けんけんふくよう》して咸其徳《みなそのとく》を一にせんことを庶幾《こいねが》う。

明治《めいじ》二十三年《ねん》十月《がつ》三十日《にち》

御名《ぎょめい》　御璽《ぎょじ》

祖先《そせん》たちが昔《むかし》から守《まも》り伝《つた》えてきた日本的《にほんてき》な美徳《びとく》を継承《けいしょう》することにもなりましょう。

（三）このような日本人《にほんじん》の歩《あゆ》むべき道《みち》は、わが皇室《こうしつ》の祖先《そせん》たちが守《まも》り伝《つた》えてきた教訓《きょうくん》とも同《おな》じなのです。かような皇室《こうしつ》にとっても国民《こくみん》にとっても「いいもの」は、日本《にほん》の伝統《でんとう》でありますから、いつまでも「大事《だいじ》にしていきます」と心《こころ》がけて、守《まも》り通《とお》しましょう。

この伝統的《でんとうてき》な人《ひと》としての道《みち》は、昔《むかし》も今《いま》も変《か》わることがなく、また海外《かいがい》でも十分通用《じゅうぶんつうよう》する普遍的《ふへんてき》な真理《しんり》にほかなりません。

（四）そこで⑫私《わたくし》自身《じしん》も、国民《こくみん》の皆《みな》さんと一緒《いっしょ》に、これらの教《おし》えを一生大事《いっしょうだいじ》に守《まも》って高《たか》い徳性《とくせい》を保《たも》ち続《つづ》けるため、ここで皆《みな》さんに「まず自分《じぶん》でやってみます」と明言《めいげん》することにより、その実践《じっせん》に努《つと》め、お手本《てほん》を示《しめ》したいと願《ねが》っています。

明治《めいじ》二十三年《ねん》（一八九〇）十月《がつ》三十日《にち》

御名《ぎょめい》（御実名《ごじつめい》「睦仁《むつひと》」）・御璽《ぎょじ》（御印鑑《ごいんかん》「天皇御璽《てんのうぎょじ》」）

「教育勅語」に学ぶ「たいせつなこと」

毎年みんなで祝意を表す「国民の祝日」（ナショナル・ホリデー）は、現行の法律により年間十六日（「山の日」も含む）定められています。そのうち十一月三日「文化の日」は、「自由と平和を愛し、文化をすすめる」日ということになっていますが、本来は「明治節」＝明治天皇のお誕生日にほかなりません（拙著『国民の祝日の由来がわかる小事典』ＰＨＰ新書参照）。

今上陛下の曾祖父にあたる明治大帝（一八五二～一九一二）は、幕末維新の激動する日本を導かれたトップ・リーダーです。しかも、その生涯に十万首近い和歌を詠まれた情緒豊かな文化人でもあります。

その上、明治二十三年（一八九〇）十月三十日、日本人の常識的な心がけとして大切なことを「教育勅語」にまとめて示され、みずから実践に努められました。

この簡潔な三一五文字の名文は、誰にも暗記することができます。しかし、やや難しい表現の多い勅語の原文には、いきなりなじみにくいかもしれません。そこで、これを思い切ってわかりやすく現代文に意訳しました。

また、その要点を十二の「すなおに言ってみたい日本語」としてまとめ、各々に英訳を付けたものが作られました。それが、明治神宮崇敬会（中島精太郎理事長）から平成十五年（二〇〇三）に発行された小冊子『たいせつなこと』（Important Qualities）です。

そのうち、「教育勅語」の現代仮名づかいに原文と口語による意訳文、および十二の「たいせつなこと」とその英訳を、私見により少し直して左に紹介します。

できれば、これに目を通してから、本書（杉浦重剛先生による「教育勅語」本文の解説）を読み、さらに十二の「たいせつなこと」を日常生活に活かして頂けたら幸いです。

（現代語訳・『たいせつなこと』小冊子初版、平成十八年二月作成、所　功）

十二の「たいせつなこと」

1、親に感謝する
「お父さん・お母さん、ありがとう」

2、兄弟仲良くする
「一緒にしっかりやろうよ」

3、夫婦で協力する
「二人で助けあっていこう」

4、友達を信じあう
「お互い、わかっているよね」

5、自《みずか》ら反省する
「ごめんなさい、よく考えてみます」

6、博愛の輪を広げる
「みんなにやさしくする」

7、知徳を磨く
「進んで勉強し努力します」

8、公《おおやけ》のために働く
「喜んでお手伝いします」

9、ルールに従う
「約束は必ず守ります」

10、祖国に尽くす
「勇気を出してがんばろう」

11、伝統を守る
「いいものは大事にしていきます」

12、手本を示す
「まず自分でやってみます」

Important Qualities

1. Father and Mother, thank you
2. Let's get along together respectably
3. Let's help and support one another
4. We understand one another
5. Sorry I'll think it through carefully
6. I'll be kind to everyone
7. I'll keep studying and making effort
8. I'll be happy to help you
9. I always keep my promise
10. I'll be hold and more my best effort
11. I'll continue to value good quality
12. I'll try first on my own

※小冊子『たいせつなこと』(明治神宮崇敬会編)より。

「教育勅語」の御進講録

杉浦重剛

凡例

一、本書は、東宮御学問所御用掛（日本中学校校長）杉浦重剛《しげたけ(じゅうごう)》氏が、第一学年後期（大正三年十月〜同四年三月）、十一回に亘り行われた『教育勅語』の御進講草案である。

一、本書の原本は、杉浦氏の御進講教材作成に尽力した猪狩《いかり》又蔵氏編『倫理御進講草案』（昭和十一年、大日社刊）の末尾に、一般倫理の御進講例として付載されている。

一、本書では、現代の若い人々などにも読み易くするため、原本の正漢字を新漢字に改めて振仮名を多く加え、名詞以外かなり漢字を仮名に直し、漢文は書き下し文とした。

一、御進講録には、勅語の分割引用だけでなく、二種類の小見出しを立て、難語の簡単な語注などは文中の（　）内に記し、それより詳しい説明を要する事項などは補注を末尾に一括した。

一、御進講の文中には、現代社会で不適切とみられる表現・用例も少なくないが、百年余り前の実情を示すもので、そのままとした。

一、巻頭には「教育勅語」原本の影印と戦前の『尋常小学修身書』所載「教育勅語」全文（句読点をつけた）を掲げ、また御進講録の前に、勅語の現代語訳と意訳の「たいせつなこと」（和文と英文）を示し、さらに御進講録（全十一回）全文の後の補注の後に勅語の英語訳（明治四十年、文部省訳刊）を付録として加えた。

一、末尾の解説は、京都産業大学（名誉）教授所功が執筆し、また索引は編集部で作成した。

第一回

朕惟《おも》フニ、我ガ皇祖皇宗《こうそこうそう》、国ヲ肇《はじ》ムルコト宏遠《こうえん》ニ、徳ヲ樹《た》ツルコト深厚ナリ。

一　教育勅語を下し給ひし所以《ゆえん》

王政維新《いしん》後[1]、我が国は長足の進歩をなし、各方面において燦爛《さんらん》たる文明の華《はな》を開けり。しかれども、その裏面には、欧米の文物を輸入するに急なりしため、官民ともに欧風に心酔《しんすい》し、一も西洋、二も西洋と称し、二千五百有余年来[2]、発達し来れる我が国固有の文明も、世界無比の歴史的精神も、ほとんど顧みるものなく、まさに思想界の危機に瀕《ひん》せり。

されば、教育方面にありても、古来の国民道徳と称すべき忠孝《ちゅうこう》・節義（道義）・誠実の美風は、まったく忘れ去られんとするに似たり。ゆゑに、国民教育の上に一定の主義・標準なく、一方に極端なる欧米風を鼓吹《こすい》するものあれば、他方には時勢の趨向《すうこう》に背反《はいはん》して、頑《がん》迷固陋《めいころう》に陥《おちい》るものあるなど、混乱、放縦《ほうしょう》、帰向《きこう》する所を知らず。

明治天皇、深くここに軫念《しんねん》（心配）したまひ、遂《つい》に忝《かたじけな》くも「教育勅語」[3]を下し給ひ、以《もっ》て我が国の歴史的精神、国体の精華《せいか》、及びすべてこれより出発する国民道徳の大本《たいほん》を教示し給へり。

先年（明治四十一年）、菊池男爵《だんしゃく》[4]は英国教育会の招聘《しょうへい》に応じ、英国に航し、日本教育の方針は「教育勅語」に基づく事を溝演せられき。英国知名の学者・教育家は、菊池男爵の講演に感激し、日本国の国体（国柄）の淵源宏遠《えんげんこうえん》にして、国民教育の確乎不動なるを羨望《せんぼう》し、英国にも日本のごとく拠《よ》りて以て立つべき大方針あらば、国民教育上如何《いか》ばかり有益ならん、と云へりといふ。

これを見ても、明治天皇の下し給へる勅語は、日本国民永遠の生命なること、知るべきなり。

二　「朕《ちん》」の説明

「朕《ちん》」とは単数にして、秦《しん》の始皇帝《しこうてい》（BC二五九～BC二一〇）始めてこの文字を以て、君主が躬《みずか》ら（自身）を呼ぶ語として使用せり。これより後、天皇は躬《みずか》らを称して朕と宣《のたま》ふ。されば、朕と称し得らるるものは、一国に一人を限りとし、複数を許さざるものとす。しかるに、その文字の本場たる支那《シナ》[5]（中国）においては、天子は常に替りて一定せず、臣にして君となるあり、外人の侵入し来りて天子となるあり、一時に数君の対立するあり、君臣の分《ぶん》（君王と臣民の関係）定まらざれば、朕なる文字の意義成立せず。

真に朕なる意義を以て御自身を称し得させ給ふは、ただ日本国あるのみ。我が邦《くに》は開《かい》闢《びゃく》（開け初め）以来、君臣の分定《さだ》まり、[6]万世一系《ばんせいいっけい》の天皇、これに君臨し給ふ。

三　「我ガ」の説明

「我ガ」とは複数にして、天皇御自身厳然《げんぜん》として宣《のたま》ふ「朕」の単数なるに反して、温情溢《あ》ふるる御心《みこころ》より「我（等）が」と宣ふ。されば、文部省の英訳勅語（末尾参考）にもourと複数に訳す。先の「朕」と今この「我ガ」との二字によりて、日本国の国体の特色を説き示し給ふと云ふも可なり。

その故《ゆえ》は、先の「朕」の一字、よく日本国の君主が万世一系の天皇より他にあらざる事を示し、今この「我ガ」は、日本の一大家族制なる事を示す。
7 天照大神《あまてらすおおみかみ》は、皇室の御先祖なると同時に、われら日本臣民の祖先なり。先の「朕」にて、皇位の犯すべからざる絶大の威力を示し、今この「我ガ」にて、民を赤子《せきし》（純真な子供）とする温情を示し給ふ。

四　皇祖皇宗《こうそこうそう》、国ヲ肇《はじ》ムルコト宏遠《こうえん》ニ

「皇祖皇宗」とは、天皇陛下及び日本国民の御先祖を指《さ》して申す。われらの御先祖がこの日本国を肇《はじ》め給ふ事は、天壌無窮《てんじょうむきゅう》にして、天地と限りなきものなり。

①（天祖（天皇の祖先）の神勅《しんちょく》）

太古、天照大神は高天原《たかまのはら》に君臨したまひ、さらにこの国土を統治せしめむとの御《み》心より、天孫瓊瓊杵尊《てんそんににぎのみこと》（天照大神の孫神）を降し給ふ。天孫、高天原より群臣を従へ降臨《こうりん》し給ふ時に当りて、大神、これに八坂瓊曲玉《やさかにのまがたま》・八咫鏡《やたのかがみ》・天叢雲剣《あめのむらくものつるぎ》、即ち三種の神器《しんき》を賜ひ、かつ詔して曰く、

豊葦原《とよあしはら》の千五百秋《ちいほあき》の瑞穂国《みずほのくに》は、これ吾《あ》が子孫《みこ》の王《きみ》（君主）たるべき地なり。よろしく爾《なんじ》皇孫《すめみま》、就《ゆ》いて治むべし。行《ゆ》け。宝祚《ほうそ》（皇位）の隆《さかん》ならんこと、天壌《てんじょう》と共に窮《きわまり》無かるべし。

と。かくて天孫、筑紫《つくし》（九州）の日向《ひゅうが》[8]の高千穂《たかちほ》の峰《みね》に降り給ふ。ここに天壌無窮《てんじょうむきゅう》の皇運（皇室の運命）啓《ひら》け、皇祖天照大神の御子孫は、日本国の永久の一君として、臣民を統治し給ふに至れり。

天に二日《にじつ》（二つの太陽）なきがごとく、我が邦《くに》には二王《におう》（二人の君主）なく、しかも神勅の示し給ふがごとく、天地開闢《かいびゃく》以来、君臣の分定まり、未だ臣にして天位（天皇の地位）を犯せし事なく、君は君として、臣は臣として、いはゆる大義名分定まり、厳然《げんぜん》として一糸《し》乱れず、上下睦《ぼく》々乎《こ》（親しい仲）として、君は民を赤子《せきし》のごとく愛撫《あいぶ》し給ひ、臣は身命を捧げて仕へ奉れり。いはんや外人に帝位及び国土を汚されしごとき事は、夢にだも見ず。かくして我が日本帝国の国体の基礎は確立せり。

②〔神武《じんむ》天皇の鴻業《こうぎょう》（大事業）〕

（第一代）神武天皇、（天照）大神の御心を継承《けいしょう》し、皇威《こうい》を発揚《はつよう》し給ふ。まづ群臣を率ゐて日向《ひゅうが》の高千穂宮を発し、舟に召されて[9]浪速《なにわ》に上陸せられ、大和・河内《かわち》の土豪《どごう》を征《せい》し、都を大和の畝傍山《うねびやま》の東南、橿原《かしはら》に奠《さだ》め、辛酉《しんゆう》の年を以て帝位に即《つ》き給へり。これを我が国の[10]紀元《きげん》元年とす。今（大正三年＝一九一四）を距《へだ》つる二千五百七十四年、天皇の御代《みよ》を重ぬる[11]百二十二（ママ）代なり。

神武天皇以前を神代《かみよ》と称し、幾年間なりや漠《ばく》として知り難し。我が邦の建国の宏遠《こうえん》なること、知るべきなり。

③〈歴代の天皇は皇祖皇宗の御遺業に則《のっと》らせ給ふ〉

歴代の天皇は、位に登《のぼ》り、民に臨ませ給ふにも、深く建国の由来を考へ、皇祖皇宗の恩《おん》沢《たく》と遺訓とを継承し給ひ、ますます皇基《こうき》（皇国の基礎）の隆盛と国運の発展とに留意し給へり。

たとへば、（第十代）崇神《すじん》天皇が四道将軍《しょうぐん》を遣《つかわ》して四方を鎮定《ちんてい》し、皇威《こうい》を拡張《かくちょう》し給ひしがごとき、（第十二代）景行《けいこう》天皇が熊襲《くまそ》を征し蝦夷《えぞ》を伐《う》ちて、皇恩を四方に普及し給ひしがごとき、また[12]神功《じんぐう》皇后が三韓を征して、皇威を海外に振ひ給ひしがごとき、（第十五代）応《おう》神《じん》天皇の御代には王化《おうか》（大王の徳化）三韓《さんかん》に及びて、彼《か》の地より来朝したるがごとき、これなり。

歴代の聖帝、相継ぎて皇祖皇宗の御遺訓を守らせ給ひ、皇威の尊厳と皇国の拡張とを計《はか》らせ給へり。特に明治天皇は、知仁勇の三徳に秀《ひい》で給ひしかば、七百年間、萎靡《いび》（衰退）振はざりし皇威を恢復《かいふく》し給ひ、内治外交、前後に比《たぐい》なきの隆盛時代を現《あら》はし、以て遠く皇祖皇宗、建国の聖意に答へ給へり。

五　徳ヲ樹《た》ツルコト深厚ナリ

①〔樹ツルの意義〕

「樹」の一字、よく我が国皇室の特色を現はす。「樹つ」とは植付《うえつ》くるなり。我が邦の御先祖は、あたかも樹木を植付くるがごとく、人民に徳を植付けられたり。これ、外国の建国者あるひは主権者と、我が国の天皇と、大いに異なる点なり。

外国の主権者は、権威（強権の威力）を以て国を建て、人民に臨《のぞ》む。故《ゆえ》にその主権者にして権威あるうちは、人民は屈服するも、他にこれ以上の権威あるものあれば、その位置を取つて代るを得《う》るものにして、動物界に行はるる弱肉強食の法則に従ふ。故に外国の君臣の関係は屈服に止《とど》まる。

我が日本国の天皇は、人民に臨ませ給ふに権威を以てするにあらずして、仁愛《じんあい》を民の心中に深く厚く植込み給ふを以て、君臣の関係おのづから牢乎《ろうこ》（確固）として抜くべからず。故に民は悦服《えっぷく》（喜んで従う）するなり。

②〔天照大神の仁政及び三種の神器の徳〕

天照大神の大徳は、歴史に依りてその一端を伺《うかが》ふのみなるも、これに由《よ》りて見ても、長く皇室に模範を垂《た》れ、君徳を教示し給ふに足《た》る。

すなはち、（天照）大神の高天原に君臨ましますや、国民の衣食のために米の種子を植ゑさせられ、以て食を与へ給ひ、蚕織《さんしょく》（蚕《かいこ》を養い絹を織《お》る仕事）を奨励し給ひ、衣服を給し給ふ。かく生民《せいみん》（国民）の父母として、これに衣食を供給せられしかば、国民はますますその仁政に感激し、その厚徳を慕《した》ひ奉りぬ。

たまたま素盞鳴尊《すさのおのみこと》（大神の弟神）の乱行《らんぎょう》を怒《いか》らせ給ひ、天《あま》の岩戸《いわと》に隠《かく》れ給ひしかば、国民等しく哀愁《あいしゅう》に堪《た》へざりき。よりて群神相議して、大神を再び迎へ出し参らせたり。

かかる君徳に秀《ひい》で給ひし大神なりしかば、天孫降臨《てんそんこうりん》に際し、万世動かざるの神勅《しんちょく》を授け給ひ、併《あわ》せて神器に寓意《ぐうい》して、君徳を教示し給へり。

すなはち、玉（八坂瓊曲玉《やさかにのまがたま》）の徳は仁を示し、剣（天叢雲剣《あめのむらくものつるぎ》）の徳は勇を示し、鏡（八咫鏡《やたのかがみ》）の徳は知を示す。知・仁・勇の三徳を身に行ひて、始めて君徳を完《まっと》うするものなれば、我が子孫は三器の示す徳を修養して君臨すべしと教へ給ふ。

されば、歴代の天皇は、天祖の御遺訓を体現せられて、民の父母として仁政を施《ほどこ》し給へり。

③〔神武天皇の大度《たいど》（寛大な度量）と至孝《しこう》（至上の孝行）〕

神武天皇は、その勇、その仁、その知において、上《かみ》は天祖の国を授くる徳に答へ給ひ、下《しも》は皇孫に範を垂《た》れ給ひて、日本の紀元を画《かく》するの大業を遂行《すいこう》し給へり。

天皇の東征は、その勇を現はし、尚武《しょうぶ》（武を尊ぶこと）、国を開き、天祖の意を体して、仁愛、以て全土を王化に浴《よく》せしめ給へり。

天皇の大度、敵の骨肉（同族）と雖《いえど》も、帰順《きじゅん》者はこれを入れてよく用ゐられしかば、我が皇室の同化力は絶大なりき。

天皇は、また慈仁の心篤《あつ》く、穀物及び麻《あさ》を東国に播殖《はんしょく》せしめ給ひ、あるひは孝道に厚く、大業を遂《と》げて建国の基礎を固め給ひしも、その功を私《わたくし》せず、躬《みずか》ら霊時《れいじ》（祭場）を鳥見《とみ》山（奈良県桜井市の丘陵）の中に立て、皇祖《こうそ》天神を祀《まつ》り給ふ。

④〔歴代の天皇、これに則《のっと》り給ふ〕

歴代の天皇は、皇祖皇宗の深厚なる徳に則《のっと》りて、君臨し給ふ。

（第十代）崇神《すじん》天皇、疫病《えきびょう》流行して死する者夥《おびただ》しきを憂ひさせ給ひ、親《した》しく八百万神《やおよろずのかみ》を祀《まつ》らせ給ふ。ここに於て疫病息《や》み、天下大いに治まり、五穀豊熟《ほうじゅく》す。天皇、農《のう》を以て国の大本《たいほん》と為し給ひ、池溝《ちこう》を開きて水田に灌漑《かんがい》せしめられ、あるひは四道《しどう》将軍（畿外四方に派遣の皇族将軍）を遣はして四方を平定せしめ給ふ。これにより民《たみ》、王化に浴すること絶大なりしかば、天皇の徳を称《たた》へて[13]御肇国天皇《はつくにしらすすめらみこと》と云ふ。

（第十二代）景行《けいこう》天皇は、大勇の徳を以て皇化を宇内《うだい》に布《し》き給へり。（第十五代）応神《おうじん》天皇は、文教を布《し》きて、民の智識及び道徳を明らかにし給へり。（第六十代）醍醐《だいご》天皇は、寒夜に御衣《ぎょい》を脱《ぬ》ぎて貧民の労苦に同情し給へり。

歴代の天皇は、民の父母を以て任じ給ひしなり。

（第十六代）仁徳《にんとく》天皇の四年二月、天皇、高台《たかどの》に登り遠望し給ふに、炊煙《すいえん》上らず。天皇謂《い》へらく、「百姓《ひゃくせい》すでに貧しくして家に炊《かし》ぐ者少きに因《よ》るなり。近畿の地すでにかくのごとし、いはんや畿外《きがい》（近畿以外）諸国をや」と。三月、詔《みことのり》して、今より後三年の間、課役を免じ、百姓《ひゃくせい》の苦を息《やす》めんとし給ふ。爾来《じらい》（その後）、天皇躬《みずか》ら倹素《けんそ》を守らせ給ひ、宮垣崩《みやがきくず》るるも造らず、風雨隙《すきま》に入るも少しも意に介《かい》せず、百姓と苦を共にし給ひしかば、これより後《のち》、風雨時《とき》に順《したが》ひ、五穀豊穣《ほうじょう》にして、三年の間に百姓おほひに富めり。

三年の後、天皇再び台に登らせ給ふに、烟気《えんき》多く起《おこ》る。天皇大いに喜び、皇后に謂《い》つて曰《いわ》く、「朕すでに富めり、あに愁《うれい》あらんや」と。皇后怪《あや》しみて曰く、「宮殿破れて雨露《あめつゆ》をだも凌《しの》ぐに足《た》らず。然《しか》るを何ぞ富めりと謂はんや」と。天皇答へて曰く「君は民を以て本《もと》となす。民の富めるは、すなはち朕が富めるなり」と。百姓調《ちょう》（貢物《みつぎ》）を上《たてまつ》りて宮殿を修《おさ》めんと乞ふも許さず。

更に三年の後、始めて調役（労役）を課《か》し、宮殿を造営せしむ。庶民《しょみん》、老を扶《たす》け、幼を携《たずさ》へて来《きた》り、日夜営作《えいさく》し、いくばくもなくして宮室ことごとく成る。

実に我が邦《くに》歴代の天皇が、民《たみ》の幸福を以て御自身の幸福と思召《おぼしめ》さるる至仁《しじん》の御心《みこころ》を示す好例と云ふべし。

明治天皇（一八五二〜一九一二）は、知仁勇を兼備し給へり。その愛民・仁政は仁徳天皇

の例に異ならず。天皇、常の御心を詠《えい》じ給へる御製《ぎょせい》に、

罪《つみ》あらばわれを罪せよ天《あま》つ神《かみ》　民《たみ》はわが身の生みし子なれば（明治44年）

また、

照《てる》につけ曇《くもる》につけておもふかな　わが民くさのうへはいかにと（明治37年）

とあるを拝しては、常に民生《みんせい》を御懸念《けねん》まします有り難き御心、推察し奉るだに畏《おそ》れ多し。明治の御代《みよ》において、我が邦、前代未聞《みもん》の皇威《こうい》（皇国の威光）の発揚《はつよう》と国運の進展とを見るに至りしも、偶然にあらず。

第二回

我ガ臣民、克《よ》ク忠ニ克ク孝ニ、

一　忠孝の本源

前回において、我が肇国《ちょうこく》（国の始まり）の宏遠《こうえん》なること、国民は万世一系《ばんせいいっけい》の天皇を奉戴《ほうたい》し、歴代の天皇は至仁《しじん》（至高の仁愛）の徳を垂れ給へることを述べたり。

かかる国体（国柄）なれば、国民の精神もまた他の国民と異《こと》ならざるを得ず。我が国民は、古来より至仁の皇室を戴《いただ》くを以て、至誠を尽してこれに仕《つか》ふ。ただ一時の権勢に屈服《くっぷく》して心中不満を抱くごとき他国の君臣関係とは、大いにその趣《おもむき》を異にす。

日本国民の皇室におけるは、孝子の親《おや》に事《つか》ふると一《いつ》なり。我が国にては忠孝一本なり。我らの祖先は、万世一系の天皇に仕へまつり、我ら子孫も、この心を以て天皇に仕ふ。これ、祖先の名を辱《はずか》しめず、その霊を安んずるものにして、親《おや》に事《つか》ふるの道、これより大なるものなし。祖先の心を心として君に仕ふるは、忠にして同時に孝なり。

二　忠とは何ぞや

「忠」とは、純粋《じゅんすい》至誠の心より天皇に仕へんとして発する高尚なる道徳的感情を謂《い》ふ。我が国民は、神代《かみよ》より今に至るまで、大和《やまと》民族の存在する限り、この感情に生《い》く。これ、史上幾多《いくた》の忠臣を出《いだ》せる所以《ゆえん》（理由）なり。

左に忠臣の例を挙《あ》ぐ。

①〔田道間守《たじまもり》と非時香菓《ときじくのかくのこのみ》〕

田道間守は、（第十一代）垂仁《すいにん》天皇に仕ふ。九十年春二月、天皇、田道間守に命じて、常世国《とこよのくに》に遣はして非時香菓＝（橘《たちばな》）を求めしめ給ふ。九十九年秋七月、天皇、纏向宮《まきむくのみや》（奈良県磯城《しき》郡）に崩ず。時に御年百四十歳。冬十二月、菅原伏見陵《すがわらのふしみのみささぎ》（奈良市尼辻町）に葬《ほうむ》る。明年春三月、常世国《とこよのくに》より帰り齎《もたら》せるものは、非時香菓、八竿八縵《やほこやかげ》（大量）なり。

天皇すでに崩ずるを聞き、田道間守、悲泣して曰く「命《めい》を天朝に受けて、遠く絶域《ぜついき》に往《ゆ》き、万里の浪《なみ》を踏《ふ》んで、遥《はる》かに弱水《よわのみず》を渡る。常世国は神仙の秘区《ひじりひく》にして、往来の間、自《おのずか》ら十年を経ぬ。あに独《ひと》り本土に向はんを期せんや。今、天皇崩ず、復命するを得ず。臣、生《い》くともまた何の益《えき》あらむや」と。すなはち、天皇の陵《みささぎ》に至り、叫哭《きょうこく》して自死す。群臣、聞いて皆な田道間守の至情に感じ、涙を流したりといふ。

田道間守のごときは、真に君を思ふの赤誠《せきせい》（真心）より他に何ものも心に抱かざる者と云ふべし。

②〈和気清麻呂《わけのきよまろ》の忠節〉

和気清麻呂（七三三～九九）は、備前《びぜん》の人なり。[14] 孝謙《こうけん》天皇（実は称徳天皇）の時、因幡員《いなばいん》外介《がいのすけ》（因幡国を治める定員外の次官）となる。人となり剛直《ごうちょく》なり。

天皇、宇佐八幡《うさはちまん》の神を敬し、その託宣《たくせん》する所、一《いつ》として聴《き》かざる事なし。僧道鏡《どうきょう》（？～七七二）、天皇の寵《ちょう》を得て法王となるに及び、大宰神主《だざいかんづかさ》（大宰府の神官）阿曽麻呂《あそまろ》といふ者、偽《いつわ》り奏して曰《いわ》く、「八幡神、教へ言ふ、道鏡をして皇位に即《つ》かしめば、天下太平ならむ」と。

ここにおいて、天皇みづから清麻呂に命じて、宇佐に詣《まい》り、神託を承《う》けしむ。発するに臨み、道鏡、目を瞋《いか》らし、剣を按じ、清麻呂に謂《い》ひて曰く、「(宇佐)大神、我をして位に即《つ》かしめむと欲す。今、使者を請《こ》ふ所以《ゆえん》の者は、けだしこれがためならむ。汝《なんじ》、宇佐に詣り、神教を奉じ、我をして欲する所を得《え》しめば、すなはち汝に太政大臣《だじょうだいじん》を授け、委《ゆだ》ぬるに国政を以てせん。若《も》し我が言に違《たが》はば重刑に処せん」と。

清麻呂、宇佐に詣り、還り奏《そう》して曰く、「我が国、開闢《かいびゃく》以米、君臣《くんしん》の分《ぶん》定まれり。臣を以て君《きみ》(天皇)と為すこと、未だこれ有らざるなり。天津日嗣《あまつひつぎ》(皇室継承者)は必ず皇胤《こういん》(天皇の血統子孫)を立つ。無道の人はよろしく迅《すみやか》に掃蕩《そうとう》すべし」と。

道鏡、大いに怒《いか》り、清麻呂の官職を解き、名を穢麻呂《きたなまろ》と改めて大隅《おおすみ》(鹿児島県)に流し、人をして途《みち》に殺さしめんとす。俄《にわか》に雷雨晦冥《かいめい》(暗闇《くらやみ》)し、命《めい》を受くる者、躊躇《ちゅうちょ》して発せず。清麻呂、よりて免《まぬ》がるるを得たり。たまたま勅使来り赦《ゆる》す。

孝謙天皇(称徳天皇)崩じ、(第四十九代)光仁《こうにん》天皇即位せらるるに及び、道鏡を下野《しもつけ》(栃木県)に流し、清麻呂を召還して旧位に復す。のち累進《るいしん》して従三位《じゅさんみ》に至り、功田《こうでん》二十町を賜はりて、子孫に伝ふ。薨《こう》ずる時、年六十七。正三位を贈らる。

嘉永《かえい》中(四年、一八五二)、詔《みことのり》して正一位《しょういちい》を贈り、「護王大明神《ごおうだいみょうじん》」の号を賜ふ。明治七年

（一八七四）、護王神社を別格官幣社《べっかくかんぺいしゃ》（国家への特別な功労者を祀る神社）に列す。清麻呂の還奏《かんそう》（報告）は、皇運を泰山《たいざん》の安《やす》きに置けるものと云ふべし。護王大明神の名に恥ぢず。15

③楠《くすの》（木《き》）正成《まさしげ》の孤忠《こちゅう》

楠正成（一二九四？～一三三六）は、河内《かわち》（大阪府）の人なり。（第九十六代）後醍醐《ごだいご》天皇、北條氏を誅《ちゅう》せんとし給ひ、謀《はかりごと》泄《も》れて笠置《かさぎ》（京都府相楽郡）に潜幸《せんこう》（内密の行幸《ぎょうこう》）し、正成を召して討賊《とうぞく》の策を問はせ給ふ。

正成、答へて曰く、「天誅《てんちゅう》（天罰）加はる所、賊斃《ぞくたお》れざることなし。それ創業の功は要するに謀略《ぼうりゃく》にあり。もし力を以て争へば、武蔵《むさし》・相模《さがみ》（鎌倉幕府方）の兵、天下これに敵するものなし。謀《はかりごと》を以てこれを屈すれば、すなはち撓《た》め（倒し）易《やす》きのみ。しかれども、勝敗は兵家の常なり。一敗を以て志を動かすべからず。臣未《いま》だ死せざれば、陛下聖慮《せいりょ》（天皇の考慮）を労する事なかれ」と。言々句々至誠に出《い》で、みづから任ずる何ぞ重き。

ここにおいて、正成、あるひは赤坂城（大阪府南河内郡）に、あるひは千早城《ちはやじょう》（同上）に、敵の大軍を引き受け、孤忠よく大いに敵を悩《なや》ませり。正成の勤王に動かされ、四方勤王の軍起り、新田義貞《にったよしさだ》（一三〇一～三八）は鎌倉（幕府）を滅し、天皇、隠岐《おき》を発して京師《けいし》（京都）に還幸《かんこう》（帰還）す。

正成、七千の兵を率ゐて兵庫に迎謁《げいえつ》（出迎え）す。天皇、親しく正成を労《ねぎら》ひて宣《のたま》はく、「大業速《すみやか》に成るは皆卿《けい》が力なり」と。正成、拝謝して曰く、「陛下の威霊《いれい》に頼らずんば、臣曷《なん》ぞ重囲《じゅうい》を出《いで》て復《ま》た今日あることを得んや」と。何ぞ謙譲《けんじょう》、功を私《わたくし》せざる。

のち足利尊氏《あしかがたかうじ》（一三〇五～五八）反するに及び、正成、奇計《きけい》を以て屢々《しばしば》これを破る。尊氏、西海の軍を率ゐて大挙し来《きた》るに及び、正成、必勝の計を奏す。藤原清忠《きよただ》これを不可とし、天皇もその言に従はせ給ふ。正成、策の施《ほどこ》すなきを知り、桜井《さくらい》（大阪府三島郡）の駅に至り、その子正行《まさつら》（一三二六～四八）を誡《いまし》む。

頼山陽《らいさんよう》（一七八〇～一八三二）、その著[16]『日本外史《にほんがいし》』に、桜井駅の訣別《けつべつ》を記して曰《いわ》く、

正成《まさしげ》、退きてその子弟に謂ひて曰く「事すでにここに至る。何ぞ必ずしも抗議せん」と。五月十六日、弟正季《まさすえ》・子正行《まさつら》らと闕《けつ》（皇居）を辞して西《にし》し、桜井の駅に至る。正行、時に年十一なり。

正成、遣《おく》りてこれを河内に帰らしめ、これを誡めて曰く、「汝《なんじ》幼なりといへども、すでに十歳を過ぐ。なほよく吾が言を記せよ。今日の役《えき》（戦争）は、天下安危《あんき》の決する所、意《おも》ふに、吾また汝《なんじ》を見ざるなり。汝、吾すでに戦死すと聞かば、すなはち天下

尽《ことごと》く足利氏に帰せんこと、知るべきなり。
慎んで禍福《かふく》を計較《けいこう》し、利に向《むか》ひ、義を忘れ、以て及父《だいふ》（汝の父＝正成）の忠を廃することと勿《なか》れ。苟《いやしく》も我が族隷《ぞくれい》（同族）にして一人の存する者あらしめば、すなはち率《ひき》ゐて以て金剛山《こんごうざん》の旧趾《きゅうし》（千早城など）を守り、身を以て国に殉じ、死ありて他ある無かれ。汝の我に報ずる所以《ゆえん》、これより大なるは莫《な》し。」云々《うんぬん》。

正成、天皇より賜ふ所の菊作《きくづくり》の宝刀《ほうとう》（菊花紋を刻した名刀）を正行に授けて訣別《けつべつ》し、手兵七百を以て湊川《みなとがわ》（神戸市）に陣し、賊の大軍に当り、身十一創《そう》（傷）を被《こうむ》り、弟正季《まさすえ》（一三〇五?～三六）と耦刺《ぐうし》（互いに刺す）して死す。時に正成四十三、正季三十二。族十六人、残兵五十余人、皆これに死す。天皇震悼《しんとう》（哀悼）す。

嗚呼《ああ》正成、策《さく》を奏して容《い》れられざるも、心中寸毫《すんごう》の不平なく、かつ一子正行を誡《いまし》め心根は、実に忠義の権化《ごんげ》と云ふべし。後世、水戸藩主徳川光圀《みつくに》（一六二八～一七〇〇）、[17]「嗚呼《ああ》忠臣楠子《なんし》之墓」と刻するの碑《ひ》を建てて之を表彰《ひょうしょう》す。

頼山陽、『日本外史』に、正行の忠節を記して曰く、

然れども、その死に臨みて子を戒《いまし》むるを観るに、又曰く、「吾死すれば天下悉《ことごと》く足利氏に帰せん」と。それ天下の為すべからざるを知りて、しかもなほその子孫を留めて

以て天子を衛《まも》らしむ、その心を設くる、古《いにしえ》の大臣といへども、何ぞ以て遠く過ぎん。故に子孫、よくその遺訓を守り、正統の天子を弾丸黒子《こくし》の地（極めて狭い地域＝吉野など）に護り、以て四海の寇賊《こうぞく》（全国の反逆者）を防ぐ者、三朝五十余年（一三三六〜九二）の久しきに及び、一門の肝脳《かんのう》（重要な人物の身命）を挙げて、これを国家の難に竭《つく》し、その澌尽灰滅《しじんかいめつ》（全滅）するに至りて、しかうして後、足利氏、始めて大いにその志を天下に成すを得たり。

けだし朝廷、大いに楠氏《なんし》に任ずる能《あた》はず。しかうして楠氏自《みずか》ら任ずる所以《ゆえん》は、以て加ふる莫《な》し。世の（建武）中興の諸将を論ずるもの、なほその資望《しぼう》の大小を視《み》て、しかうして深くその実を揆《はか》らず。また当時の見《けん》と等しきのみ。

楠氏あらずんば、三器（神器）ありといへども、まさに安《いずく》にこれを託して、以て四方の望みを繫《つな》がんや。[18]笠置《かさぎ》の夢兆《むちょう》、ここにおいてますます験《けん》あり。しかるに、南風（南朝の吉野の勢力）競《きそ》はず、倶《とも》に傷つき共に亡び、終古《しゅうこ》（いつまでも、常に）以てその労を恤《あわ》れむなし。悲しいかな。

そもそも正閏殊《せいじゅんこと》なり（南朝と北朝に二分）といへども、つひに一《いつ》に帰し、よく鴻号《こうごう》（偉大な皇統）を無窮《むきゅう》（永遠）に熙《ひろ》む。公《こう》（正成）をして知るあらしめば、また以て瞑《めい》（安心）すべし。

しかうして、その大節（偉大な忠節）、巍然《ぎぜん》として、山河と並《なら》び存し、以て世道人心を万古の下《もと》に維持するに足《た》る。これを姦雄《かんゆう》（悪者）迭《たが》ひに起こり、僅かに数百年に伝ふる者に比すれば、その得失《とくしつ》、果して如何《いかん》ぞや。

『日本外史』は、忠義を基礎とする国民精神を説述せるものにして、この著によりて勤王家の輩出を見るに至れり。微臣《びしん》重剛も、この著によりて今日の精神を養はるる所多く、聊《いささ》か大義名分を弁別《べんべつ》するに至れり。山陽は、啻《ただ》に著述家として価値あるのみならず、その行状においても至孝《しこう》の人なりしと聞く。

④〔乃木《のぎ》将軍の誠忠〕

明治天皇の御代《みよ》には、忠節の臣少《すくな》からざりき。就中《なかんずく》、陸軍大将乃木希典《まれすけ》（一八四九～一九一二）は、誠忠無比の人にして、昔時《せきじ》の田道間守《たじまもり》（二①参照）と比して毫《ごう》も遜色《そんしょく》なし。

将軍は、少年時代には謹厳剛直《きんげんごうちょく》の父乃木十郎希次《まれつぐ》に教育せられ、さらに（叔父《おじ》）玉木文之進《たまきぶんのしん》（一八一〇～七六）の下《もと》にて薫陶《くんとう》せられ、長じて軍人となるに及びて、西南戦役《せいなんせんえき》、日清・日露両戦役に出陣して武勲を建て、明治天皇の親任を辱《かたじけの》うし、晩年には学習院長として華冑《かちゅう》（華族）の子弟を教育し、大いに[19]勤倹実践《きんけんじっせん》を奨励せられ、武将として、また教育家として職に篤《あつ》く、己《おの》れの一身を顧《かえり》みるの暇《いとま》あらずして、陛下（明治天皇）の大御心《おおみこころ》に答へまつらんことを唯々念《ねん》とせられたり。

しかるに、明治天皇は明治四十五年（一九一二）七月（三十日）崩御《ほうぎょ》（逝去《せいきょ》）し給ひしかば、将軍の歎《なげ》きは筆紙に尽し難く、（一ヶ月半後の）大正元年九月十三日午後八時、先帝の霊轜《れいじ》（霊柩車）の宮城を出でます号砲《ごうほう》と時を同じうし、

うつし世を神去《さ》りましし大君《おおぎみ》の　みあとしたひて我はゆくなり

の辞世《じせい》を残して、赤坂新坂町の自邸にて刃《やいば》に伏し、先帝の御登遐《ごとうか》（崩御）に殉《したが》ひ奉れり。[20]（静子）夫人《ふじん》、また将軍の傍《かたわら》において従容《しょうよう》として、自刃《じじん》せり。

乃木将軍は、平素よりその行《こう》は人の師表《しひょう》（手本）たるに足《た》り、一挙一動、時人に模範を示せり。常に楠氏《なんし》（正成・正行など一族）の誠忠を慕ひ、その忠節に背反《はいはん》せざらん事を恐るるもののごとくなりき。かつて楠氏の忠を慕ひて、

根《ね》も幹《みき》も枝も残らず朽《く》ち果てし　楠《くす》のかをりのたかくもあるかな

と詠《えい》ぜしが、将軍はこの歌のごとく、一家を挙《あ》げて君国に捧《ささ》げたり。将軍の母堂《ぼどう》（寿子《ひさこ》）は、かつて将軍が台湾総督《そうとく》たりし時（明治三十九年から一年余）、永住

の目的を以て渡台し、遂に風土病に罹《かか》りて彼の地に逝《ゆ》けり。これ、前記の歌に謂《い》ふ所の根の朽《く》ちたるものなり。また、夫妻相共に明治天皇に殉死《じゅんし》せるは、幹《みき》の朽ちたるものなり。勝典《かつすけ》（一八七九〜一九〇四）・保典《やすすけ》（一八八一〜一九〇四）の二子が日露の役に名誉の戦死を遂《と》げたるは、枝の朽ちたるものなり。乃木将軍の誠忠は、永遠に亙《わた》りて国民を感奮《かんぷん》せしむるに足る。

三　孝とは何ぞや

「孝」とは、至誠《しせい》の心を以て、子の親に事《つか》ふる道徳的感情を云ふ。孝は我が邦固有《こゆう》の道徳にして、夙《つと》に発達せるものなり。しこうして、我が邦にては、先（前述一）にも云へるがごとく、国体上、忠孝一致にして、親に孝を尽《つ》くすは君に忠となり、君に忠たるは親に孝たり。二にして一《いつ》なり。

①〔神武天皇の至孝《しこう》〕

神武天皇の至孝に就きては、すでに申し述ぶる所（第一回五③）ありたり。天皇としての孝道は、神武天皇のごとく、御先祖の遺訓を奉ぜられ、皇威《こうい》を発揚せらるるより大なるはなし。

神武天皇は、天照大神の神勅を奉戴《ほうたい》して、大いに皇威を発揚せられ、しかも鴻業《こうぎょう》（偉大な事業）を私一人の功とせず、皇祖の稜威《りょうい（みいつ）》（威光）なりとして、霊時《れいじ》（祭場）を鳥見《とみ》山の中に立てて天神（皇祖天照大神）を祀り給ひしは、至孝を天下に示し給ふものと云ふべし。

②〔養老の孝子〕

美濃国当耆《たぎ》郡（岐阜県養老郡）に樵夫《しょうふ》（きこり）某《なにがし》なる者あり。父に事《つか》へて至孝なり。家貧《ひん》にして財なく、薪《たきぎ》を売りて自供《じきょう》（自給生活）す。その父、酒を好む。樵夫、常に瓢《ひさご》（ヒョウタン形の容器）を提《さ》げ市に至り酒を買ひ来りて、これを父に勧《すす》む。

一日、山に採樵《さいしょう》（薪などの伐《き》り採《と》り）し、石を踏《ふ》みて仆《たお》る。傍《かたわら》に酒気あるを覚ゆ。心にこれを怪《あや》しみて、左右を回顧すれば、石間に水湧《わ》き、その色酒に似たり。試みにこれを嘗《な》むれば、香烈《かおりはげ》しく甘美《かんび》なり。樵夫、大いに喜び、日に汲みて父に供す。

霊亀《れいき》三年（七一七）九月、（第四十四代）元正《げんしょう》天皇（女帝）、美濃に幸《みゆき》し、その泉を名づけて養老《ようろう》[21]の滝と云ひ、元（元号《げんごう》）を改めて「養老」と云ふ。

この話は、今日科学の進歩せる時代にては、ことごとく信ずべからずと雖《いえど》も、孝子の至誠に依り、仁者《じんしゃ》（情深い仁人）の補助を得て、日々父に酒を供するを得たりしものならむ。その酒を如何《いか》にして得しかは別とし、一孝子のために元を改むるに至りし事実は、以て孝の徳の大なるを知るに足《た》らむ。

③〔平重盛《たいらのしげもり》の孝道〕

平重盛（一一三七〜七九）は、平清盛（一一一八〜八一）の嫡子《ちゃくし》なり。人となり忠謹温厚にして、武勇人に超《こ》ゆ。

藤原成親《なりちか》（一一三八〜七七）の平氏を滅《ほろぼ》さん事を謀《はか》るや、後白河《ごしらかわ》法皇（一一二七〜九二）また謀《はかりごと》に与《あずか》り給ふ（治承元年〈一一七七〉鹿ヶ谷《ししがたに》事件）。清盛《きよもり》、成親を執《とら》へ、法皇を別宮に徙《うつ》し奉らんとす。人あり馳《は》せて重盛に告ぐ。重盛大いに驚き、駕《かご》を命じてこれに赴《おもむ》く。第門《ていもん》に入たれば、族人皆、甲冑《かっちゅう》に身を固《かた》め、馬に鞍《くら》し、旗幟《きし》（軍旗）列《れつ》を成し、まさに起《た》たんとす。

重盛、烏帽子直衣《えぼしひたたれ》（公家《くげ》の装束）して入る。弟宗盛《むねもり》（一一四七〜八五）、その袖《そで》を控《ひか》へて曰《いわ》く、「公、何を以て甲《こう》（武装）せざる」と。重盛、睨《にらみ》て曰く、「汝等《なんじら》、何を以て甲する。敵人何《いず》くに在《あ》りや。吾《われ》、大臣大将たり。寇賊《こうぞく》（反逆者）闕《けつ》（皇居）を犯すに非ざるよりんば、よろしく甲《こう》すべからず」と。

清盛これを望み見、遽《にわか》に起ち、黒衣《こくい》（僧呂の衣服）を覆《おお》うて出づ。しばしば襟《えり》を正す。襟綻《ほころ》びて甲《よろい》見ゆ。重盛に謂《い》つて曰く、「成親の姦謀《かんぼう》（悪い企て）、実に法皇に由《よ》る。間《まま》に群小彙進《いしん》（同類が結束）し、覬覦《きゆ》（分不想応な野望）已《や》まず。しこうして、御《ぎょ》するに軽躁《けいそう》（軽はずみに騒ぐ）の君を以てす。何の至らざる所かあらん。我れ幸行《みゆき》（法皇のお出まし）を請《こ》ひ、以て事の定まるを待《ま》たんと欲す」と。

頼山陽、『日本外史』に、重盛の心情を描きて、次の如く云へり。

語《かた》ひ未《いま》だ畢《おわ》らず、重盛、涙《(泣)》数行下《くだ》る。これを久しうして言ひて曰く、「重盛、尊貌《そんぼう》（父の顔）を熟視するに、家門すでに衰運に属するを知るなり。重盛これを聞く、世に四恩有り、皇恩を最《さい》となす。そもそも我が門（平氏）は、桓武葛原《かずらわら》（桓武天皇の皇子葛原親王）の胤《いん》（血統）を辱《かたじけな》くすといへども、降《くだ》って人臣となり、中ごろ微にして顕《あら》はれず。平将軍（正盛《まさもり》）の功を以てして、国守（地方の長官）に過ぎず。刑部卿《ぎょうぶきょう》（忠盛）、内昇殿（宮中の昇殿）を聴《ゆる》さるるも、万人唇《くちびる》を反《そら》し（悪口をいう）、大人《たいじん》（父上＝清盛）に至るに及ぶ。（中略）

忠ならんと欲せば孝ならず、孝ならんと欲せば忠ならず、重盛が進退、ここに窮《きわ》まれり。生きてこの慼《うれえ》に覯《あわ》んよりは、死するにしかざるなり。大人必ず今日《こんにち》の挙（法皇の幽《ゆう》閉《へい》）を遂《と》げんと欲せば、まづ重盛が首《こうべ》を刎《は》ね、しかうしてのち発せよ」と。かつ言ひ、かつ泣く。挙座《きょざ》（その場に居あわせた全員）感動す。

清盛曰く、「汝《よ》好くこれを計《はか》れ」と。重盛、帰邸《きてい》し、その夜「天下の大事を聞く。我がためを思ふものは急ぎ集るべし。」との命を伝へしかば、老若《ろうにゃく》先を争ひて小松《こまつ》の邸（重盛の家）に集り、六波羅《ろくはら》（清盛の家）には一兵もなかりき。重盛、使《つかい》を父清盛に遣《つかわ》し、言はしめて曰く、「法皇、大人（父上）が事を起さんとするを聞《きこ》し召され、児《じ》（私）に大将軍の院《いん》宣《ぜん》（任官命令）を下し給ひ、以て大人を征伐せよと命ぜらる。君命《くんめい》なれば是非もなし。大人もし事を挙げなば、院宣に従ひ直《ただち》に六波羅を囲《かこ》まん」と。清盛大いに驚き、暴挙《ぼうきょ》なきを誓ひ、かつ赦命《しゃめい》を乞へり。

ここにおいて、重盛、集まれる人々に向ひ、「このたびの挙は、父の無道を止めんが為めなり。今後も若《も》し召さば、このたびのごとく馳《は》せ集まるべし」と云ひしかば、将士、その忠孝の厚きに鎧《よろい》の袖《そで》をぞ絞《しぼ》りける（感涙《かんるい》を流す）。

重盛は真に忠孝を完《まっと》うし、父清盛をして暴《ぼう》を逞《たくま》しうするを得しめざりしものなり。

第三回

億兆《おくちょう》心ヲ一《いつ》ニシテ、世々厥《そ》ノ美ヲ済《な》セルハ、此レ我ガ国体ノ精華《せいか》ニシテ、教育ノ淵《えん》源《げん》、亦実ニ此ニ存ス。

一　国体（国柄）の意義

我が国体（国柄《くにがら》）は、万国に卓絶《たくぜつ》し、肇国《ちょうこく》宏遠、樹徳《じゅとく》深厚なる皇祖皇宗を奉戴《ほうたい》せる臣民は、心を一《いつ》にして世々忠孝の道を践《ふ》み行ひ、以て国民道徳の美風を発現す。これ国体の華《はな》とも称すべき本質なり。この国民的精神を外《ほか》にして、我が邦教育の基礎無し。忠孝は国体の精華にして、教育の淵源《えんげん》（基づく所）はここに存す。

二　偉人を祀る神社

国体の精華《せいか》を発揮《はっき》せる人を神社に祀《まつ》る。故《ゆえ》に我が邦《くに》の神社は、人君たると人臣たるとに論なく、いづれも忠孝を完《まっと》うして精華を発揮せる人を神として祀る所なり。故に国民たるものは、神社に対して尊敬を払《はら》はざるべからず。

古代の忠臣・孝子は暫《しばら》く置き、中古にては、藤原鎌足《かまたり》（六一四～六六九）は（第三十八代）天《てん》智《ち》天皇（六二六～六七一）を補佐《ほさ》し参らせて、暴逆の臣蘇我入鹿《そがのいるか》（?～六四五）を誅《ちゅう》し、大化の新政を完成せし忠臣なりしかば、談山《だんざん》神社（奈良県桜井市）として祀《まつ》らる。

和気清麻呂《わけのきよまろ》は、僧道鏡《どうきょう》が皇位を覬覦《きゆ》（望んではならぬことを狙《ねら》い企てる）せし時、皇統を安固ならしめ、忠節を全《まっと》うせしを以て、護王《ごおう》神社（京都市、第二回二②）として祀《まつ》らる。

楠《くすのき》（木）正成《まさしげ》は、後醍醐《ごだいご》天皇に忠節を励み、遂に湊川《みなとがわ》に討死《うちじに》せし本朝無比の忠臣なりしかば、湊川神社（兵庫県神戸市）として祀《まつ》らる。

近代において国体の精華を発揮せし人々は、[22]靖国《やすくに》神社に祀らる。

三　勤王家

徳川幕末に起りし勤王家《きんのうか》は、一身一家を忘れ、勤王の旗幟《きし》の下《もと》に王政維新《いしん》の機運を導《みちび》き、以て七百年間の皇威の衰頽《すいたい》を挽回《ばんかい》せし人々なり。この勤王家の猛然として起るに至りし原因は、一にして足らずと雖《いえど》も、水戸藩のごときは勤王の精神を鼓吹《こすい》するに与《あずか》りて力あり。

水戸藩主徳川光圀《みつくに》（一六二八～一七〇〇）は『大日本史』[23]を著はして大義名分《たいぎめいぶん》を正し、以て我が国固有の精神を発揮し、碑《ひ》を湊川に建て、題して「嗚呼《ああ》忠臣楠子《なんし》之墓」といふ（第二回二③参照）。

後年、その裔《えい》（子孫）斉昭《なりあき》（一八〇〇～六〇）も、尊王《そんのう》を高唱して藩祖の遺志を継ぎ、ここに「水戸学派」の興隆《こうりゅう》を見るに至れり。されば、徳川光圀は勤王論の源泉とも謂《い》ふべき人なり。

第四回

爾《なん》臣《じ》民、父母ニ孝ニ、

一　孝は百行《ひゃっこう》の基《もと》なり

人は万物の霊長《れいちょう》として生物の最高に位《くらい》す。人のかかる高尚《こうしょう》なる品位を有する所以《ゆえん》は、他の生物と異《こと》にして、人はその親に対して孝道を尽すに基《もと》づく。

他の生物は自然的生活に止《とど》まり、敢《あえ》て自然以上の高尚なる生活を思はず。親の子を愛するは自然にして、動物もなほよくこれを為す。しかれども、子が親の恩に感じて愛敬《あいぎょう》を尽すは、ひとり人にのみ存する所なり。

孝とは、子が愛敬至誠の心を以て親に事《つか》ふるを云ひ、理屈にあらず感情なり。しかうして、孝は百行の基にして、倫理の本原は、実に孝の一字にありと云ふべし。

孔子《こうし》（BC五五一〜BC四七九）曰く「その人と為《な》りや、孝弟《（悌）》（親子兄弟の仲良い家族）にして上《かみ》を犯すを好む者鮮《すくな》し。上を犯すを好まずして乱を作《な》すを好む者は、いまだこれあらざるなり。君子は本《もと》（根本）を務む。本立ちて道生ず。孝弟は、それ仁を為すの本か」（『論語』学而）と。また以て孝の徳の偉大なるを知るに足《た》らむ。

二　『孝経《こうきょう》』と孝道

かく人として践《ふ》み行ふべき道たる孝道は、『孝経』と称する書に遺憾なく説明せらる。『孝経』なる書は、孔子が弟子曾子《そうじ》をして作らしめしものにして、我が邦にては、歴代の天子これを重んじ給ひき。殊《こと》に（第三十六代）孝謙《こうけん》天皇（七一八〜七〇）は詔《みことのり》して、家ごとに『孝経』一冊を蔵せしめ、以て孝道を奨励し給へり。

孝謙天皇天平宝字元年《てんぴょうほうじ》（七五七）の詔勅（『続日本紀《しょくにほんぎ》』所載）

古《いにしえ》は民を作《おこ》し国を安《やすん》ずるに、必ず孝理を以てす。百行の本《もと》、これより先なるは莫《な》し。よろしく天下に令して、家ごとに『孝経』一本を蔵して精勤誦習《しょうしゅう》し、倍《ます》ます加発せしむべし。

百姓《ひゃくせい》ままに、孝行にして人に通じ、郷閭《きょうりょ》（村里）に欽仰《きんぎょう》（尊敬）する者有らば、よろしく所由《しょゆう》（所属）の長官をして具《つぶさ》に名を以て薦《すす》めしむべし。その不孝・不恭・不友・不順なる者あらば、よろしく陸奥《むつ》の国桃生《もものう》（宮城県）、出羽《でわ》の国小勝《おかち》（秋田県）に配し、以て風俗を清うし、また辺防を捍《ふせ》ぐべし、と云々。

我が国民の孝道を重んずるは、儒学《じゅがく》に負《お》ふ所多大なりと雖《いえど》も、漢書（籍）（中国の古典籍）渡来して初めて日本人は孝道を行ふに至れりと云ふべからず。日本国民は、漢書渡来以前よりすでに孝道を実行せる国民なり。

我が国民は、孝の意を拡充して他に及ぼし、世界無比の国民性を発揮せり。忠といひ勇といひ友といふも、帰する所は孝にあり。いやしくも孝道にして全《まった》からんには、道徳的人物として毫《ごう》も愧《は》づる所なし（十分に通用する）。

人あるひは云ふ、「道徳的行為は至難なり」と。これ、いまだ道徳的生活の堂に入らざるものの歎声なり。道徳あに難《かた》きことあらんや。極めて平易なり。日夜孜々《しし》として（熱心に）聖賢《せいけん》の教ふる所を践《ふ》み行はば、聖人の域に達するを得ん。ただ、行ふを難しとなす。

勤王の志士吉田松陰《しょういん》（一八三〇～五九）[24]は、処刑の定まるを予知して、己《おの》れが親を思ふよりも、親の己れを思ふの切なるを歌つて、

親思ふ心にまさる親心《おやごころ》　今日の音信《おとずれ》何と聞くらん

と云へり。孝子の親を思ふの至誠《しせい》を窺《うかが》ふに足る。この切なる心を以て親に事《つか》ふれば、孝道を完《まっと》うするを得ん。

三　孝道と境遇

孝は境遇《きょうぐう》によりてその方法を異《こと》にす。中流以下の人民にありては、親の身体を養ふを第一義とす。それを養体《ようたい》と云ふ。父母は老いて静養を必要とす。故に子たるものは、父母に暖衣飽食《だんいほうしょく》（暖い衣服と十分な食事）を進めて、その身体の健全を計《はか》らざるべからず。美濃《みの》（岐阜県）の養老の孝子のごとき心を以て親に事《つか》ふべきなり（第二回三②参照）。

上流社会の人は、下民と異なり、衣食に毫《ごう》も憂ふる所なし。されば、養体《ようたい》よりも、むしろ父母の精神を安んずるを第一義とす。これを養心《ようしん》と云ふ。日本武尊《やまとたけるのみこと》（後述四②参照）のごとく、大いに祖先の功を発揚するは、高貴の境遇《きょうぐう》の子の孝道なり。

しかりと雖《いえど》も、孝道の中心は、愛敬《あいぎょう》の心を以て親に事《つか》ふるにあれば、卑賤《ひせん》の者の養体と高貴の者の養心と、その方法に差あるも、精神においては異なる所なし。いかに親をして飽食暖衣せしむるも、心に愛敬なくんば、孝と云ふを得ず。いかに鴻業《こうぎょう》（立派な事業）を成すとも、祖先を敬せずんば、孝とは云ひ難《がた》し。

四　平時と非常時の孝

孝は、平時（通常時）と緩急（非常時）とによりて、おのづからその方去を異《こと》にす。平時においての孝道は、一見容易なるもののごときも、その実はこれと大いに反して、至難なるものなり。永き間、父母に事《つか》へてその心を養ふは、優《すぐ》れたる道徳家にあらずんば能《あた》はず。左の例は、平時と緩急とにおける孝の模範なり。

①〔中江藤樹《なかえとうじゅ》の孝行〕

中江藤樹（一六〇八～四八）は近江《おうみ》（滋賀県）の人なり。父吉次は農に隠《かく》る。祖父吉長は加藤貞泰《さだやす》（一五八〇～一六二三）に仕《つか》へ、大洲《おおず》にあり。九歳の時、祖父に伴はれて伊予《いよ》（愛媛県）の大洲に至る。生《うまれ》ながら異稟《いりん》（非凡な才能）あり。童丱《どうかん》（子供）にして成人の如し。年十一にして始めて『大学』（『礼記《らいき》』の中の一篇）を読み、「天子より以て庶人に至るまで、壱《いっ》にこれ皆、身を修むるを以て本《もと》と為す」の句に至り、歎じて曰く、「聖人あに学んでここに至るべからざるか」（どんな人もよく学べば聖人のレベルに至ることができるのだ）と。涙下《くだ》つて衣を沾《うるお》すに至れり。

たまたま僧の京都より来るものに就きて『論語』を受け、のち『四書大全《ししょたいぜん》』[25]を得たり。当時、大洲の風俗、武を尚《とうと》び、士の読書するものを斥《しりぞ》けて交《まじわ》らず。よつて昼は書を隠《かく》し、夜これを読めり。

吉長死し、藤樹、近江に帰り、母を伴《ともな》はんとす。母、海《うみ》を越えて他郷に行くを欲せず。よつて大洲に返《かえ》り、藩主に乞《こ》うて任を辞し、帰国して母を養はんとす。藩主その才を惜《おし》んで許さず。

ここにおいて家財を売って債《さい》（借金）を償《つぐな》ひ、官を棄《す》てて逃げ帰る。携《たずさ》ふる所の資銀わづかに百銭を資本とし、酒を売り以て母を養ふ。母に仕へて養体・養心至《いた》らざるなく、母歿して喪《も》に居る三年、礼を尽《つく》す。

その子弟を導《みちび》くや、専《もっぱ》ら『孝経』を講じ、愛敬《あいぎょう》[26]の二字を掲《かか》げて、懇々《こんこん》として説く。皆その徳に服せざるなし。藤井懶斎《ふじいらいさい》（一六二八〜一七〇九）、『本朝孝子伝《こうしでん》』にこの事を叙し、賛《さん》を作つて曰く、淡海《たんかい》（琵琶湖《びわこ》）吹き起す、陸王《りくおう》（陸象山《しょうざん》と王陽明《ようめい》）の儒風、あにただに身を善くするのみならん。人を誨《おし》へて忠あり。母のために禄を顫《ふる》ひ、郷に旋《かえ》つて色愉《よろこ》ぶ。ああ篤孝《とくこう》、性か学か。

世人、今日に至るまで「近江聖人《おうみせいじん》」と称し、その徳を慕《した》ふ、故なきにあらず。

②〈日本 武 尊《やまとたけるのみこと》の孝行〉

日本武尊は景行《けいこう》天皇の皇子《みこ》なり。幼より豪邁《ごうまい》（優秀）にして、長ずるに及び容貌魁偉《ようぼうかいい》（容姿が特に立派）、かつ膂力《りょりょく》（体力）あり。

天皇の二十七年八月、熊襲《くまそ》反《はん》す。十月、天皇、日本武尊に命じ、往《ゆ》きてこれを征せしむ。尊《みこと》、勇躍《ゆうやく》して征途《せいと》に就《つ》き、十二月、熊襲国（熊本県）に著す。たまたま熊襲の酋長《しゅうちょう》、取石鹿文《とりいしかや》なる者、親戚を招きて宴《うたげ》を開きしかば、尊、これに乗じて酋長を刺し殺す。

天皇の四十年六月、東夷《とうい》反す。これを征する者なし。天皇、再び日本武尊に命じてこれを征せしむ。尊、十月京師《けいし》（首都）を発し、駿河《するが》（静岡県）の土賊《どぞく》を平げ、相模《さがみ》（神奈川県）より舟にて上総《かずさ》（千葉県）に航《こう》し、それより蝦夷《えぞ》（東北地方）に入る。賊、船中に飾る大鏡を見て、尊の名を問ふ。尊「吾れは現神《あきつかみ》（天皇）の皇子《みこ》なり」と答ふ。賊、大いに恐れ、直《ただ》ちに皇軍に降れり。日本武尊が父天皇の命を奉じ、大いに皇威《こうい》を発揚せられしは、皇太子として理想的の孝子と称し奉るべし。

③〔楠正行《まさつら》の孝行〕

楠正行（一三二六～四八）、父正成《まさしげ》と桜井の駅に訣別《けつべつ》して、河内《かわち》（大阪府）の母のもとに帰りしより、父の遺訓《いくん》を守り、児童と嬉戯《きぎ》するにも（足利）尊氏《たかうじ》を斬《き》るの状をなす。後醍醐《ごだいご》天皇の大和《やまと》（奈良県の吉野）に幸《みゆき》するや、正行、馳《は》せて之に赴き、駕《が》を護りて吉野に入る。天皇崩《ほう》じ、後村上天皇即位せらる。正行、しばしば兵を出して賊軍《ぞくぐん》を破《やぶ》る。

尊氏、大いに恐れ、高師直《こうのもろなお》・師泰《もろやす》に命じて、二十余州の兵に将として正行を攻めしむ。（正平三年、一三四八）正行、正時《まさとき》等と行宮《あんぐう》[27]（行幸先の仮御所）に詣《まい》り、決死の覚悟を奏す（第二回二③参照）。頼山陽《らいさんよう》、その著『日本外史』に記して曰く、

先臣正成、かつて微力を以て強賊を挫《くじ》き、以て先帝の宸憂《しんゆう》（御心痛）を安んず。天下再び乱るるに及び、逆賊《ぎゃくぞく》四襲《ししゅう》し、遂に命を湊川《みなとがわ》に致す。臣（正行）時に年十一、命じて河内に帰らしめ、嘱《しょく》するに余燼《よじん》（敗残兵）を収合して、国讐《こくしゅう》を報復するを以てす。臣、年すでに壮なり。しかうして稟性羸弱《びんせいるいじゃく》（休が弱い）、常に念ふ、今に及んで力戦せ

ず、待つ有るの身を以て無虞《むぐ》の疾《しつ》（思いがけない病気）に罹《かか》らば、上《かみ》は不忠の臣となり、下《しも》は不孝の子とならんと。

しかるに今、賊の渠帥《きょすい》（悪者の頭目《とうもく》）、大挙して来たり犯す。これ真に臣が命を致すの秋《とき》なり。臣、彼が首《こうべ》を獲《う》るに非ざれば、すなはち臣が首を彼に授けん。臣が生死《しょうじ》、今日に決す。切に一たび天顔（天皇の御顔）を拝して行くを得んことを希《こいねが》ふ。

と。（後村上）天皇（一三二八～六八）、簾《みす》を掲《かか》げて臨視《りんし》し、親《した》しくこれを慰労し給ふ。正行、拝辞して、先帝[28]の廟《びょう》（塔尾《とうのお》陵）を拝し、族党百四十三名の姓名を如意輪堂《にょいりんどう》の壁《かべ》に記し、一首の歌を詠じて曰く、

還《かえ》らじとかねて思へば梓弓《あずさゆみ》　無きかずに入る名をぞ留《とど》むる

進んで四條畷《しじょうなわて》（大阪府）に至り、敵騎八万に会す。正行、三千の兵を以てこれと奮戦し、一以て百に当る。戦ふ事三十余合、正行・正季、箭《や》を被《こうむ》ること、蝟《はりねずみ》のごとし。兄弟交刺《こうし》（互いに刺す）して斃《たお》る。時に正行、年二十三。従兵百四十三人、ことごとくこれに死す。

第五回

兄弟ニ友ニ、

一　兄弟間の友愛

兄弟《けいてい》に友《ゆう》にとは、兄弟姉妹《しまい》の間は友愛（友人間の情愛）を以て交はるべし、との意味なり。

それ兄弟姉妹は、父母の分身にして、あたかも樹《き》の幹《みき》より生じたる枝のごとし。

父母より見れば同じく吾が子なれば、兄弟姉妹の区別なく愛し、永久に相睦《むつ》み、兄は弟を愛し、弟は兄を敬して、友愛の情濃《こま》やかに、父母の分身として協同一致して事に当り、父母の心を安んじ、以て孝悌《こうてい》（親子・兄弟）の道を完うすべし。

二　友愛と長幼の序

兄弟姉妹は、同じく父母の分身にして、父母より見れば子の愛に親疎《しんそ》の別なきも、兄弟姉妹間より観察すれば、長幼の秩序《ちつじょ》（年長と歳下の関係）存し、弟妹《ていまい》は兄姉《けいし》を敬し、兄姉は弟妹を愛せざるべからず。友愛にこの秩序を加味せざれば、禽獣《きんじゅう》（動物）の同胞間《どうほう》（仲間）と異なる所なからん。

人が万物の霊長《れいちょう》として重んぜらるる所以《ゆえん》は、愛に狃《な》るる（なれなれしくなる）ことなく、愛の中にまた犯《おか》すべからざる秩序を認《みと》むるに在り。兄姉は弟妹を愛するも、その中に厳然《げんぜん》として一種侵《おか》すべからざる長者《ちょうじゃ》としての品位《ひんい》ありて、兄姉としての資格を具備す。故に父母なきの後は、兄は父母に代りて弟妹を指導すべき任務を有す。

三　永続的な友愛

すべて徳の主要素は永続的なり。徳にして一時的のものなりせば、徳として称するに足《た》らず。殊《こと》に友愛の徳において、その然《しか》るを見る。兄弟姉妹の愛にして、父母の膝下《しっか》に嬉戯《きぎ》する幼少の時代のみなりとせんか、かかる友愛は柔弱《じゅうじゃく》為すなきの徳のみ。吾人の冀求《ききゅう》（希望）する友愛は、世の風波に撓《たわ》め（曲げ）られざる男性的なるものにして、かつ永続性を有するを要す。されば友愛は、父母の膝下にある幼少の時は固《もと》より、互ひに成長して各自の家庭を作りても、始終一貫して不変ならざるべからず。

四　友愛と境遇

孝養が境遇に応じて同一ならざるがごとく、友愛も境遇に応じて異《こと》ならざるを得ず。我が国の天皇は、その御兄弟の関係、国民のそれと大いに趣《おもむき》を異にす。天皇は国君《こくくん》、他はことごとく臣民《しんみん》なれば、いかに御兄弟の間柄《あいだがら》とはいへ、その御弟妹は、国君なる御兄上に対しては、君臣の礼を以て仕《つか》へざるべからず。御兄君《あにぎみ》なる天皇は、その御弟妹には輔弼《ほひつ》（補佐）の臣としてこれに臨ませらるべし。

下《くだ》つて、中流以上の境遇の者の兄弟は、家門を辱《はずか》しめず、兄弟協力して家名を揚《あ》ぐべく、中流以下の者は、心身を傾注して互ひに助け合ひ、一家の繁栄を計《はか》るべし。

①〈億計《おけ》王・弘計《をけ》王両皇子の友愛〉

（第二十二代）清寧《せいねい》天皇（四四四～八四）、皇子無きを憂《うれ》ひ給へり。播磨《はりま》国司伊与来目部小楯《いよのくめべのおだて》奏して、（第十七代）履中《りちゅう》天皇の二孫、億計王（四四九～九八）・弘計王（四五〇～八七）の二皇子、その任国赤石《あかし》郡の縮見《しじみ》の屯倉首《みやけのおびと》（朝廷直轄領の現地責任者）の忍海部細目《おしみべのほそめ》の家にましますを云ふ。天皇、大いに喜び、小楯に命じ、左右の舎人《とねり》（従者）を率ゐて、これを迎へしめ給ふ。

これより先き、（第二十一代）雄略《ゆうりゃく》天皇（四一八～七九）の朝《ちょう》に、履中天皇の二孫、億計《おけ》王《おう》・弘計王《おけおう》、難を避けて、播磨国赤石郡（兵庫県明石市）の縮見《しじみ》の屯倉首の忍海部細目の家に僕《しもべ》となりて隠《かく》る。たまたま播磨国司の伊与来目部小楯、新嘗《にいなめ》の供物《そなえもの》を徴《ちょう》せんとて、赤石郡に至り、細目が家に宴《うたげ》する。

時に弘計《をけ》王は、兄億計《おけ》王が皇系（皇族）を以てかかる僻地《へきち》に朽《く》ち果てんを悲しみ、何等かの方法を以て兄王子を世に出さしめん、との兄を思ふの至情より、兄王子に向ひ、「貴《き》名《めい》を顕《あら》はさんこと、今夕《こんせき》にあり」と云ふ。兄王子は、父市辺押磐皇子《いちのべのおしはのみこ》（履中天皇第一皇子、？～四五六）の死を悲しみ、世をはかなみて云ひけるは、「貴くして殺されんよりも、卑しくして身を全うするに如《し》かず」と。

かくとは知らず、この夜、細目、二王に命じて燭《しょく》（灯火）を秉《と》らしむ。深更《しんこう》（真夜中）、酒酣《たけなわ》（最高の盛り上り）なるに及びて、細目、二王をして立つて舞はしむ。二王、互ひに先を譲《ゆず》る。細目これを責《せ》むるに及びて、先づ兄億計王舞ふ。

弘計王、兄王子を出すは、この秋《とき》を外《ほか》にして又いつの時にかあらんと思ひ決し、次いで舞ふ。舞ひつつ歌ひたる歌の中に、兄王子の尋常《じんじょう》の身にあらざるの意を寓《ぐう》す。小楯《おだて》、大いに怪しみて問ふ。弟王子、歌うて曰く、「石《いわ》の上振《うわぶり》の神杉、本《もと》切り末《すえ》押し払ひ、市辺宮《いちのべのみや》に天下《あめのした》知ろしめしし、天万国万押磐尊《あめよろずくによろずおしいわのみこと》（市辺押羽皇子《いちべのおしはのみこ》）の御裔僕《えいぼく》（子孫）これなり」と。ここにおいて、始めて尊き皇子《みこ》なるを知り、小楯、大いに驚き、席を離れて二王を拝し、民を役《えき》して仮りに宮を営みてこれを奉じ、急に京師《けいし》に奏す。

清寧《せいねい》天皇の三年（四四六）正月、小楯、二王を奉じて摂津に至る。天皇、使を遣はしこれを迎へ、四月、億計王を立てて皇太子となし、弘計王を皇子となす。

五年正月、（清寧）天皇崩ず。皇太子は弟王の功を思ひ、位を弘計王に譲りて曰く、「貴種なるを顕彰《けんしょう》せるは弟王なり。功あるもの、先づ帝位に上《のぼ》るべし」と。弘計王は長幼の序を守りて曰く、「先帝清寧天皇、兄王を以て皇太子となす。かつ功あるの故を以て兄に先だつは悌《てい》（兄弟の情愛）にあらず」と。兄弟互ひに相譲りて即位せず。

太子、遂に弘計王に謂《い》つて曰く、「先帝の吾を以て太子となせる所以《ゆえん》はただ兄たるによるのみ。弟王すでに帝孫を顕彰するの功あり。かつ四民皆《みな》望みを弟王に嘱《しょく》す。天位（皇位）は久しく曠《むな》しかるべからず」と。

弘計王は、兄王の志動《うご》かすべからざるを見て、やむなく即位せらる。顕宗《けんぞう》天皇これなり。兄億計王を立てて皇太子とする。帝は兄億計王の補佐《ほさ》と忠言とにより政治を行はせ給ふ。帝の崩御《ほうぎょ》（四八七）により、億計王即位せらる。これを仁賢《にんけん》天皇と申す。

この二皇子のごときは、民間に隠れ人の僕《しもべ》となり、あらゆる辛酸《しんさん》（苦心）を嘗《な》め給ひ、この間、友愛の情極《きわ》めて濃《こま》やかに、また雲上《うんじょう》（宮中）に住ませられ、至尊《しそん》（天皇）の位に上らせられても、継続して絶えざる友愛を全《まっと》うし給ふ。実に上下の模範として仰ぐに足る。

②〈備前の兄弟〉

昔、備前の国、池田光政《みつまさ》（一六〇九～八二）の領地に兄弟の民あり。田地を争《あらそ》ひ、久しく決する能《あた》はず、遂に訴訟《そしょう》せり。藩主光政、熊沢蕃山《くまざわばんさん》（一六一九～九一）の弟、泉八右衛門《いづみはちえもん》にこの裁判を命ず。八右衛門、この裁判を自宅に開かんと願ひ、その許可を得たれば、兄弟二人を自宅に呼べり。二人、八右衛門の邸に来《きた》る。

八右衛門、家来をして云はしむるには、「今日急に公用出で来たるを以て、遅刻は計《はか》り難し。うちくつろぎて待つべし」と。両人を一室に入れ、終日遇《あ》はず。日暮れて家来のもの又来りて、「公用いまだ終へず。夜更《ふ》けるとも、今宵《こよい》のうちには訴へを聴《き》くを以て、今しばらく待たれたし。」と云ひ、二人の間に一箇の火鉢《ひばち》を置きて立ち去り。夜半過ぐるも、八右衛門は出で来らず。

兄弟、初めは互ひに物をも云はず、睨《にら》み合ひしが、かく一室に終日顔を合せては、さすがに血を分けたる中なれば、今は兄の云ふに、「夜更《ふ》けて甚だ寒ければ、近寄りて火にあたれよ」と。弟も膝《ひざ》を進めて火鉢に手をさしかざすに、やうやう互ひの心和《やわら》ぎて、つくづくと母の膝の上にて戯《たわむ》れし幼少の事などなつかしく思ひ出《い》で、なき親の慈愛を語り合ひ、遂に己等が私慾《しよく》より争ひし心を悔《く》い、今後は二人睦《むつま》じく彼の田地を耕さんと云ひ合ひ、二人ともに後悔《こうかい》の由を申し出でければ、八右衛門直《ただ》ちに出で来りて、二人の申し出でを大いに賞し、「めでたき事この上もなし」と云ひ、なほ懇々と友愛の理を説き聞かせければ、兄弟は涙を流し、堅く将来を誓ひ、上《かみ》を煩《わずら》はせし罪を謝し、打ちつれて帰りけりとぞ。

これによりて見ても、父母なき後は、兄弟はますます友愛を永続し、一家を保ちても決して私慾の為めにこれを破るごときあるべからず。

松平定信《さだのぶ》（一七五九―一八二九）、兄弟姉妹の友愛の至情を歌うて曰く、
埋火《うずみび》（灰に埋めた炭火《すみび》）のあたりのどかにはらからの　まどゐせし夜ぞこひしかりける
これ大いに味はふべきなり。

夫婦相和シ、

一　和合の意義

夫婦相和しとは、夫婦が互ひに和合《わごう》一致して、夫は妻を労《いた》はり、妻は夫を敬ひて、よく家を斉《ととの》ふべきを云ふ。

一家にては、夫婦はその子女の模範となるものなれば、互ひに至誠・忠実、相和して、一家の健全と幸福とを計《はか》らざるべからず。

夫婦は天職《てんしょく》（天命により自《おのず》から備わる務め）を異《こと》にす。男子は外に働き、女子は内を治むるをその特色とす。外に活動する有為《ゆうい》の男子あり、内を安固に守る貞淑《ていしゅく》の女子ありて、一家

の健全と幸福とを、齎《もたら》すものなり。

されば、夫婦は長短相補《あいおぎな》うて完全を期すべし。互ひに自己の事をのみ考へて他を顧《かえり》みざれば、完全を得《う》る能《あた》はず。

夫婦間には調和を計ること、大いに必要なり。これ無くんば一家の平和は期し難し。しかりと雖《いえど》も、徳には秩序あり。夫婦間の和合の徳においても秩序なかるべからず。すなはち、一家にては、夫が中心にして、婦はこれに調和して服従すべきものとす。

①〔雄略《ゆうりやく》天皇と皇后幡梭姫《はたびひめ》〕

（第二十一代）雄略天皇（在位四五六〜七九）、初め、下《しも》を御すること厳《げん》に過ぎ給ふ。天皇かつて葛城《かづらき》山に猟《かり》するや、たまたま野猪《いのしし》突出して御前《ごぜん》に近づく。天皇、舎人《とねり》（従者）に命じてこれを殺さしめんとす。舎人、懼《おそ》れてこれを避けしかば、天皇みづから弓を以てこれを抑《おさ》へ、足を挙げて踏み殺し給ふ。

猟《かり》終るの後、天皇、舎人の怯懦《きょうだ》（臆病《おくびょう》）を悪《にく》み、これを斬《き》らんとし給ふ。皇后幡梭姫《はたびひめ》（仁徳天皇の皇女）、獣の故を以て人を殺すの不可なるを諫《いさ》む。天皇よくその言を納《い》れ、帰途、皇后と同車せらるるに当り、これに宣《のたま》ひて曰く「猟《りょう》する者は鳥獣を獲《う》。今朕《ちん》は善言を得て還る」と。左右皆な「万歳《ばんざい》」を呼（叫）ぶ。

この史蹟（積）に由りて、皇后の天皇を諫《いさ》め、君徳を明らかにせられし内助《ないじょ》の功《こう》を知ると共に、天皇が善く諫《いさ》めを納《い》れ給ひし天性の明快を知るに足《た》る。これ和合一致の美徳を下臣に示し給ふものと云ふべし。

②〔豊臣《とよとみ》秀吉と北政所《きたのまんどころ》〕

豊臣秀吉（一五三七?〜九八）は、蓋世《がいせい》（気力強大）の英雄なり。身、微賤《びせん》より起りて天下を平定し、皇室の式微《しきび》（衰退）を興復《こうふく》し、国威《こくい》を海外に振《ふる》はししは、人のよく知る所なり。

その夫人北政所（ねね・高台院《こうだいいん》、一五四八〜一六二四）は、秀吉の未だ微賤の時に嫁《か》し、夫を助けて内助の功莫大《ばくだい》なりき。

されば、秀吉、晩年に関白《かんぱく》となり、天下の事成らざるなきに至り、あるひは（京都に）聚楽第《じゅらくだい》（城郭風の大邸宅）を造営し、あるひは伏見《ふしみ》（桃山）に築城して歓楽を恣《ほしいまま》にせんとするに至りし時、北政所は「昔時の[29]瓦缸敗盞《がこうはいさん》を忘るるなかれ」と誡《いまし》めたり。

③〔乃木将軍夫婦〕

大正元年（一九一二）九月十三日は、われら日本国民が、再び還《かえ》り給はぬ御幸《みゆき》を涙と共にお送りまゐらせし、明治天皇の御大喪《ごたいそう》の日なりき。この日午後八時、霊轜《れいじ》（霊柩車）の宮城を出づる号砲《ごうほう》と共に、大君《おおきみ》の御跡《みあと》を慕ひて殉死《じゅんし》せしは乃木将軍（一八四九～一九一二）にして、将軍に殉死せしは、夫人静子なり。

将軍の忠節・勇武・慈仁・高潔は、時人のよく知る所、万世《ばんせい》の師表《しひょう》（手本）として愧《は》ぢざるの人なり。夫人静子も、将軍の夫人として遜色《そんしょく》なき貞節《ていせつ》の人にして、平素よりよく将軍に仕《つか》へ、将軍殉死の日に、夫人もまた将軍に殉死す。

将軍は日本古武士《こぶし》の典型たり。夫人は日本女子の鑑《かがみ》とするに足《た》る（第二回二④参照）。

第六回

朋友相信ジ、

一　朋友の字義

同門を朋《ほう》と謂ひ、同志を友《ゆう》と謂ふ。これに依つて見れば、朋友とは同窓の学友及び同志を以て相結合する人々を云ふ。されば、かかる親《した》しき人との交際においては、至誠欺《あざむ》かざるの心を以て交はるべきなり。

二　友を択ぶの必要

すでに朋友の事は、「水」[30]と「鏡」との篇（「倫理」御進講草案第一学年9・12）に申し述べたり。しかうして信は、「時計」の篇（同上8）に申し述べたり。これらの所にて、朋友の価値、及び信の徳の重大なる事は、知了《ちりょう》し給ひしなるべしと信ず。

実に、人の賢愚は友に倚《よ》ること甚大なり。故《ゆえ》に、昭憲《しょうけん》皇太后陛下（一八五〇～一九一四）は「水は器《うつわ》」[31]の御歌を以て、国民に良友を選ぶべきを教示し給へり。古来より洋の東西を問はず、聖賢は丁寧反覆《はんぷく》して択友《たくゆう》の必要を説けり。

されば、人は「己に如《し》かざる者を友とすることなかれ」（『論語』学而）といふ孔子《こうし》の教に従つて、良友を択びて、これと切磋琢磨《せっさたくま》して、崇高なる品性を養成すべし。

三　信と友情との継続

人皆、良友の必要を知る。しかれども、その道を以てするに非ずんば、何ぞ良友を得んや。交友の道は、信の一字にあり。信とは、至誠の心を以て人と交《まじ》はるの徳なり。至誠の心を以て人と交はり、信を守るにおいては、人もまた必ず信を以て我を遇し、その交はりは年と共に親厚なるべし。

朋友の交はりは、決して一時的なものにあらず。一度《ひとたび》友として交はれば、地位の高卑《こうひ》何かあらん。永遠の交はりを継続すべし。

わが友法学博士穂積陳重《ほづみのぶしげ》[32]（一八五六〜一九二六）、かつて「命名之辞《めいめいじ》」と題する一文を草し、信を説く極めて丁寧なり。ここに、その大要を記す。

道徳的発達の過程より云へば、孝は最初に発生する徳にして、信は最後に発達せる徳なり。孝によりて一家成立し、忠によりて国家成立し、信によりて人類社会成立す。人類扶倚《ふい》（助け合い）して文化をなすは、信に基づく。幼稚時代には威力によりて人を支配し、信に基づく契約《けいやく》は生ぜず。信は最後の発達にして、また最広《（高カ）》なり。信とは、誠心誠意を本とす。これを以て父母に事《つか》ふれば孝、これを以て君に事ふれば忠、これを以て人に交はれば義。かく諸徳の根本たるものなれば、孔子も信を重んず。『論語』[33]の中には二十回これを論ず。為政の要は信による。民をして餓《う》ゑしむるも、信を失ふべからず。また信は社交的の根本なりとも云へり。君子《くんし》の品性《ひんせい》は信を行ふにありと。これを以て見れば、信は文明の徳なり、百徳の基なり、人の人たる所以《ゆえん》なり。

また、歌を詠じて曰く、

裏表《うらおもて》変らぬ人を友とせよ　くずの若葉《わかば》の色にならはで

以て朋友は、常に変らぬ信を尽して交はるべきを知るべし。

①〔細井《ほそい》廣澤《こうたく》と堀部《ほりべ》武庸《たけつね》との友情〕

細井廣澤（広沢、一六五八〜一七三五）は、尋常《じんじょう》一様の儒者にあらず。幼にして書をよくす。「焚《た》キレ香ヲ聴クレ雨ヲ」の四字の扁額《へんがく》（細長い額）は、仙洞御所《せんとうごしょ》（上皇の御居所）に奉りて叡感《えいかん》（およろこび）あり。また「惟南献寿」（南面する天子を惟《おも》い長寿を祝う意か）の四字を書して奉る。叡感斜《なな》めならず。のち河越《（川）》侯（柳沢吉保）に仕《つか》ふ。経義（儒学）に通じ、また書法に精《くわ》し。

廣澤、皇室を敬するの志篤く、保元《ほうげん》（一一五六、保元の乱）以降六百年、歴代諸陵《しょりょう》（天皇の墳墓《ふんぼ》）、しばしば兵燹《へいせん》（戦乱）を経て、その所を失ふもの二十五あるを歎き、古史紀伝によりてこれを求め、あるひは屋宇《おくう》を修葺《しゅうしゅう》し、あるひは石垣を造り、三年にして諸陵全く成る。

その友堀部安兵衛武庸《ほりべやすべえたけつね》（一六七〇〜一七〇三、四十七士の一人）と交るや、始終友情を変へず。武庸が復讐《ふくしゅう》のため吉良《きら》（義央《よしなか》（一六四一〜一七〇三））家に入りし当夜、友の一挙の成否を思ふの友情は、常人の企て及ぶ所に非ず。『[34]先哲叢談《せんてつそうだん》』（後篇三）に、廣澤の友を思ふの至情を記して曰く、

廣澤、撃剣《げきけん》を堀内源太左衛門に学ぶを以て、赤穂《あこう》の堀部武庸《たけつね》と同門たり。情交尤《もっと》も密

なり。武庸、復讐を雑司谷《ぞうしがや》（高田馬場）に扶助するの事を以て、その名世に高し。

その吉良《きら》氏邸を襲《おそ》ふの先夜に当たり、赤穂の遺臣大石良雄（一六五九～一七〇三）等四十六人、皆源太左衛門の家に会す。廣澤、武庸の為にその奴僕《ぬぼく》を避けしめ、独り離筵《りえん》（送別の宴会）に趣き鶏卵《けいらん》数十個を齎《もたら》す。良雄、楼上に在り、武庸及びその他の士五人、廣澤と盃《さかずき》を傾けて酣暢《かんちょう》す（酔って楽しむ）。武庸、廣澤贈る所の鶏卵を以て、これを砕《さい》破《は》して曰く、「明夜敵讐を砕破すること、また此の若《ごと》し」と。廣澤、その言を壮とす。

武庸、往事を追思して、慷慨激昂《こうがいげきこう》（激しく興奮）、旁《かたわ》ら人無きが若《ごと》し。

廣澤、一絶（漢詩）を口吟《こうぎん》して曰く、「結髪《けっぱつ》奇士と為る、千金那《なん》ぞ言ふに足らん、離別の情尽《つ》くる無し、胆心《たんしん》一剣存す」。武庸、涙下ること数行、交誼《こうぎ》の厚きを謝す。廣澤また涙《なみだ》を拭《ぬぐ》ひ、相互ひに慇懃《いんぎん》を致して別れ帰る。

廣澤、すでに武庸と別るるや、窃《ひそ》かにその志を獲ざらんことを恐れ、懸念して已《や》まず。果してその明夜に至り、四鼓《しこ》より八鼓《はちこ》に至り、自《みずか》ら屋上《おくじょう》に登ること幾回、婢奴《ひぬ》（使用人）門生、皆寝に就《つ》き、あへてこれを知る者無し。時に（元禄《げんろく》十五年〈一七〇二〉）十二月十四日、月輝きて凄涼《せいりょう》、寒気殊に甚《はなはだ》し。

独り妻某氏《つまぼうし》、睡《ねむ》り覚《さ》めて訝《いぶか》り問ふて曰く、「良人（夫）何を以て深夜に至つて屢《しばしば》高きに登るか」と。廣澤曰く、「天象《てんしょう》を窺《うかが》ひ星纏《せいてん》（星座）を瞻《み》るのみ」と。なほ、燈下に坐して書を読む。鶏鳴《けいめい》（夜明け）に向ふに至り、始めて寝《しん》に就《つ》く。けだし、これより先、武庸、廣澤に告ぐるに、「讐《あだ》を報ずる、もし志を獲《え》ざれば、吉良氏の邸を焚焼《ふんしょう》し、四十六人均しく焔煙《えんえん》のうちに自殺せんことを以てするが故なり」。

東方のすでに白むに及び、疾《と》く門戸を叩《たた》く者あり。廣澤、遽《にわか》に起ちてこれを迎ふ。武庸、全身血に染み、高く呼んで曰く、「宿志（念願）すでに遂《と》げ了《おわ》れり。同志の士、今まさに[35]高輪《たかなわ》の菩提院《ぼだいいん》（泉岳寺《せんがくじ》）にゆかんとす。平生《へいぜい》の交誼《こうぎ》を辱《かたじけな》うす。誠に生別ここに限る」と。また一言を発せず、疾走《しっそう》して去る。

廣澤、刀を佩《は》き、袴《はかま》を着《つ》くるに遑《いとま》（暇）あらず、跣追《せんつい》して（素足で追いかけ）永代橋《えいたいばし》に至る。四十六士、橋を過《す》ぐる半ばにして、僅かに武庸及び面識する所の士五人と、永訣して帰る。

②〔波斯国《ペルシャ》の友情に関する話〕

昔時《せきじ》、波斯国（現在のイラン）に人あり。その子某《なにがし》、齢《よわい》すでに立志《りっし》（十五歳）に及べり。

一日《いちじつ》、父に告げて曰《いわ》く、「児《じ》（私）すでに長ず。すべからく自立の道を講ぜざるべからず。

しかれども、児なほ経験乏《とぼ》し。故に今より櫛風沐雨《しっぷうもくう》（風雨に打たれる）、各地を跋渉《ばっしょう》して親《した》しく世事の辛酸甘渋《しんさんかんじゅう》（苦労）を味はんと欲す」と。その父曰く、「善《よ》いかな、汝の志《なんじ》や。行け。我、汝に一言を贐《はなむけ》せん。汝、将来身を立て家を興《おこ》さんと欲《ほっ》せば、まづ朋友を求めよ。これ処世の一大要訣《ようけつ》なり」と。その子曰く、「謹諾《きんだく》」（よくわかりました）と。

よりて、旅装を調《ととの》へ、去りて周遊《しゅうゆう》すること期年《きねん》（満一年）にして帰れり。父、喜びて迎へて曰く、「汝、朋友を得たるか」と。その子、得色《とくしょく》（得意気に）、答へて曰く、「然り。児、厳教《げんきょう》を奉じて到る処《ところ》に親友を求め、得る所すこぶる多し」と。よつて指を屈して、某地某処の某々を数ふ。

父蹙然《しゅく》（粛然）として憂色を帯びて曰く、「人心変じ易《やす》く、親友得難《えがた》し。今、汝の得たる朋友、果たして真なりや否や。余、今よりこれを試みん」と。

すなはち、飼《か》ふ所の豚を屠《ほふ》り、肉を嚢《のう》（袋）に盛る。鮮血淋漓《せんけつりんり》たり（溢《あふ》れ滴《したた》る）。その子をしてこれを負《お》はしめ、まづその親友の一人に抵《いた》り、告げしめて曰く、「事あり、君を煩《わずら》はさん。我が父、人を殺し、逮捕《たいほ》まさに及ばんとす。君請《こ》ふ、我を庇護《ひご》せよ」と。その人、顧みて他を言ひ（言い訳して）、請《こい》を容《い》れず。すなはち去りて、また他に適《おもむ》き、いはゆる親友を歴訪して前言を反覆《はんぷく》すれども、いまだ一友の身を挺《てい》し心を傾け、以てその難を救ふ者あるを見ず。

ここにおいて、父、その子に謂《い》つて曰く、「見よ、汝、今日始めて人心の知り難く、親友の得易《やす》からざるを悟《さと》りしならん。さらに余の親友を叩《たた》いて、以てその真に然りや否《いな》やを試みよ」と。みづからその嚢《のう》を負ひ、馳《は》せて一親友の門に到りて曰く、「拙児、人を殺し、難測《はか》られざるに在り。君願《ねがわ》くはこれを救へ」と。主人、錯愕《さくがく》（驚嘆）措《お》く所を知らず、急遽、門を開き、二人を後室に誘《さそ》うて曰く、「まづ、その嚢《のう》を匿《かく》せ。人をして賢息《けんそく》（あなたの息子）の犯罪を覚らざらしめよ。しかる後徐《おもむ》ろに計図《けいと》（考慮）する所あるべし。事迫《せま》れり。これを速《すみやか》にせよ」と。

ここにおいて、父その子を顧《かえり》みて曰く、「汝、知れりや。我がいはゆる親友は、かくのごときのみ」と。因《よっ》て実を以て親友に告ぐ。その友、大いに心を安んじ、その負ふ所の豚《ぶた》を烹《に》て祝杯を挙《あ》げたりと。

この話は、親友の得易《えやす》からざるを示すと共に、真の友は死生を共にするものなることを寓《ぐう》す。友と交はるには信を尽《つく》し、この話のごとき親友を得んと志さざるべからず。かかる友あらば、いかに楽しからん。古聖が「友は世界のすべての宝よりも貴し」と言へるは、この意なり。

③〔廉頗《れんぱ》・藺相如《りんしょうじょ》、刎頸《ふんけい》の交《まじわり》（生死も共にする程の親交）〕

『史記《しき》』（前漢の司馬遷父子が著した歴史書）。廉頗は趙《ちょう》の将たり。藺相如《りんしょうじょ》、上卿《しょうけい》（高官）を拝し、位《くらい》廉頗の右にあり。

頗《は》曰く、「我、将と為り、攻城野戦の大功あり。しかうして相如、徒《いたずら》に口舌を以て労と為し、位我が上《かみ》に居る。かつ素賤人《もとせんじん》たり。吾、これが下《しも》と為るを羞《は》づ。宣言して曰く、我見れば必ずこれを辱《はずか》しめん」と。相如、聞きて、あへて与《とも》に会せず、朝時毎《ごと》に常に病と称《しょう》し、頗と列を争ふを欲せず。すでにして、出ては頗を望見し、車を引いて避匿《ひとく》す。

舎人《しゃじん》（従者）、諫《いさ》めて曰く、「廉君、悪言を宣《この》む。しかうして君、畏《おそ》れ匿《かく》れて恐懼《きょうく》す。庸《よう》人《じん》（使用人）すらなほこれを羞《は》づ。いはんや将相《しょうしょう》においてをや」と。相如曰く、「公の頗を視る、秦王《しんのう》といづれぞや」と。曰く「若《し》かざるなり」と。相如曰く、「それ秦王の威を以てするも、相如これを廷叱《ていしつ》（大勢の人前で叱責）して、その群臣を辱《はずか》しむ。吾、駑《ど》（鈍《にぶ》い）と雖《いえど》も、獨り廉将軍を畏《おそ》れんや。顧《かえりみ》て念《おも》ふに、強秦の敢《あえ》て兵を趙に加へざる者は、ただ吾が両人の在《あ》ればなり。今両虎《りょうこ》（廉頗と吾）共に闘《たたか》はば、勢ひ倶に生きず。吾これを為す所以《ゆえん》の者は、国家の急を先にして、私讐《ししゅう》を後にするなり」と。

頗、これを聞き、肉袒《にくたん》（肌を脱ぎ）して荊《けい》（いばらのつえ）を負《お》ひ、門に至り、罪を謝して曰く、「鄙賤《ひせん》の人（心の卑《いや》しい私）、将軍の寛《かん》（心の広さ）のここに至るを知らず」と。卒《つい》に相与《とも》に驩《よろこ》び、刎頸《ふんけい》の交はり（生死も共にする程の親交）を為す。（『蒙求《もうぎゅう》』下巻）

④（伯牙《はくが》・鐘子期《しょうしき》、絶絃《ぜつげん》の交《まじわり》）

『列子《れっし》』（老荘の道を伝える列子らの書）に曰く、伯牙、よく琴《きん》を鼓《こ》し、鍾子期、よく聴く。伯牙、琴を鼓す、志《こころざし》高山にあり。子期曰く、「善《よ》いかな、峨峨《がが》として泰山《たいざん》のごとく、志流水にあり」と。子期曰く、「善《よ》いかな、洋洋として江河《こうが》のごとし」と。伯牙の念《おも》ふ所、子期必ずこれを得《う》。『呂氏《ろし》春秋』（『春秋』の注釈書）に曰く、「鍾子期死して伯牙、琴を破り絃を絶《た》ち、終身また琴を鼓せず。おもへらく、鼓を為すに足《た》る者無し」と。（『蒙求』上巻）

⑤紀友則《きのとものり》（貫之《つらゆき》の従兄弟《いとこ》）の歌に曰く、

君ならで誰にか見せむ梅の花　色をも香《か》をも知る人ぞ知る

知己《ちき》は、まさにかくのごとくなるべし。

第七回

恭倹《きょうけん》、己レヲ持シ、

一　恭倹の字義

恭《きょう》とは、謹直にして、傲慢《ごうまん》ならざるを云ひ、倹《けん》とは、節欲《せつよく》にして自己の行為を制約し、放縦《ほうしょう》に流れざるを云ふ。財用を節するも、またその一部なり。英訳文（末尾参考）には、恭[36]をModesty、倹をModerationと訳せるも、この意味にほかならず。

恭倹の二字、ともに礼節の意味を含む。品性の崇高なる人は、何事にも恭敬、謙譲《けんじょう》の態度を以てこれに臨む。故に人をして奥床《おくゆか》しき感を与へ、尊敬の念を起さしむ。

「みのるほど首《こうべ》をさげる稲穂《いなほ》かな」とは、恭敬の徳を詠嘆《えいたん》せるものなり。

倹の意義は、二様に解せらる。これを広義に説けば節慾《せつよく》、これを狭義に説けば節倹とて、各自の分《ぶん》に応じて財を節用するを云ふ。

古語に曰く、「己に倹にして人に倹ならず、これを愛と謂《い》ふ。己に倹にして人に倹なる、これを倹と謂ふ。己に倹ならずして人に倹なる、これを吝《りん》（けち）と謂ふ。愛と倹とは君《（君子）》の慮《りょ》なり。吝は小人《しょうじん》の事なり」と。

①〔天智《てんち》天皇の恭敬《きょうけい》〕

（第三十八代）天智天皇（六二六～七一）皇子《おうじ》たりし時、蘇我入鹿《そがのいるか》（?～六四五）を誅《ちゅう》し給ふ。（第三十五代）皇極《こうぎょく》天皇（在位六四二～四五）、その功の絶大なるの故を以て、位《くらい》を皇子に伝へんと欲し給ふ。皇子密《ひそか》に奏して、（第三十六代）孝徳《こうとく》天皇（在位六四五～五四）に譲る。何ぞその恭敬の美なる。皇極天皇、これを嘉《よみ》し、遂に位を孝徳天皇に禅《ゆず》り、皇子を立てて皇太子となし、朝政を匡輔《きょうほ》（補佐）せしめ給ふ。

孝徳天皇崩ず。皇極天皇再び践祚《せんそ》す。これを（第三十七代）斉明《さいめい》天皇（在位六五五～六一）と為す。斉明天皇崩ず。皇太子素服《そふく》（白衣で服喪《ふくも》）して制を称し（天皇に代り執政）、梓宮《しきゅう》（天子の柩《ひつぎ》）を殯《もがり》する（仮宮に納める）こと六年、すでに葬《ほうむ》りて後祚《そ》に登る。

天智天皇は、恭敬にして、篤譲《とくじょう》一再ならず、以て天下に範を示し給へり。

②〔貝原益軒《かいばらえっけん》の謙遜《けんそん》〕

貝原益軒（一六三〇〜一七一四）は筑前《ちくぜん》福岡の儒者なり。学識の博く、著書の多くして、世を稗益《ひえき》（善導）する、当時その右に出づるもの無かりき。

かつて大阪（坂）より帰国せんとして船に乗りしに、同船の者数人あり。各々《おのおの》姓名郷関《きょうかん》を知らず。種々の物語などしけるに、中に一人の若き男あり、喋々《ちょうちょう》として経書《けいしょ》（儒教の経典）の講釈を始め、旁《かたわ》ら人なきがごとくなりき。

益軒は黙《もく》して恭《うやうや》しくこれを聴き、一言も是非を論ぜず。すでにして船岸に著し、各々郷里・姓名を告ぐ。益軒も「吾は貝原久《きゅう》兵衛《べえ》と申す者なり。」と名乗りしかば、彼の若者、大いに赤面して、匆々《そうそう》に己れの姓名をも告げずして逃げ去れり。

③〔江村専斎《えむらせんさい》の節慾〕

専斎（一五六五〜一六六四）、少壮《しょうそう》より務めて修養を為す。齢《よわい》は九十を過ぎて視聴衰へず、少壮の時と異なること無し。（第百八代）後水尾《ごみずのお》上皇（一五九六〜一六八〇）、これを聞き、召見《しょうけん》して修養の術を問ひたまふ。

専斎奏《そう》して曰く、「臣、固《もと》より他の術無し。平生ただ一《いつ》の些《さ》（すこし）の字を持するのみ」と。上皇、故を問ひたまふ。曰く「食を喫《きつ》すること些《さ》、思慮すること些、生を養ふまた些のみ」と。上皇、大いにこれを感賞したまふ。(『先哲叢談』後篇一)

④〔仁徳《にんとく》天皇の御倹素〕

(第十六代)仁徳天皇の御倹素《けんそ》にして仁政を施し給ふ事は、すでに記述せし所なり(第一回五④参照)。天皇、民の困苦を察せられ、三年の間課役《かえき》を免ぜられ、かつみづから倹素を守らせ給ひしかば、宮殿破れ、雨露を凌《しの》ぐに足らざりき。

天皇の身を以て民を率《ひき》ゐ給ふの御倹素は、今に至りて国民の感泣する所なり。

⑤〔徳川家康《とくがわいえやす》の節倹〕

ある時、家康(一五四二~一六一六)、板坂卜斎《いたさかぼくさい》と相会せし時、家康、壺《つぼ》中の人参《にんじん》を与へんとす。両手もてこれを授けしに、卜斎、違棚《ちがいだな》の上に奉書《ほうしょ》ありしを見て、その中の一枚を抽《ぬ》き、これに包まんとせしに、家康、不興気《ふきょうげ》に曰く、「そは大名どもへ書状を遣はすに用ゐる紙なり。用なき事に使ふものならず。人参は良薬にして、汝等が日常欠く能《あた》はざるものなればこそ取らするなれ。奉書は一枚たりとも苟且《かりそめ》(粗末)にすべからず。羽織《はおり》脱いで受くるこそよけれ」と。卜斎、縮《しゆくじく》（恐縮）として奉書を返し、恭《うやうや》しく羽織を以て受けたりといふ。（『徳川実紀』）

本年（大正三年）は、これを以て終りとなすに当りて、歳暮《としのくれ》のゆゑなれば、わが師[37]巌垣《いわがき》月洲《げっしゅう》（一八〇八～七三）の「歳暮《さいぼ》」の詩を以て拝辞す。

償テレ債ヲ初テ思ヒレ倹ヲ　窮冬却テ惜ムレ陰ヲ　惟応ニ一年ノ計　不レ失ハ二臘抄ノ心ヲ一

（債《さい》を償《つぐな》ひ初めて倹を思ひ、窮冬却《かえっ》て陰を惜しむ、ただまさに一年の計、臘抄《ろうしょう》の心を失はず。）

第八回

博愛《はくあい》、衆ニ及ボシ、

一　博愛とは何ぞや

「我が身を抓《つね》つて人の痛さを知れ。」あるひは「己れの欲する所を人に施《ほどこ》せ。」とは、同情《どうじょう》に訴《うった》ふるの道徳的命令なり。しかうして、同情は人それぞれこれを有す。この同情を拡充《かくじゅう》すれば、博愛となる。故に博愛とは、その結果の報酬《ほうしゅう》を思ふの念なく、純利他《りた》的感情より起る同情なり。

されば、博愛は[38]赤十字社《せきじゅうじしゃ》事業のごとく、敵味方の区別なく四海兄弟なりとして、博くこれを愛する徳にして、最も進歩せる国民にあらずんば、この徳の発達を見ず。

同情の徳は、啻《ただ》に人類のみならず、禽獣《きんじゅう》にも及ぶものなり。『孟子《もうし》』（孟子〈BC三七二〜

BC二八九〉の問答記録『孟子』梁恵王上）に曰く、

臣、これを胡齕《ここつ》に聞きて曰く、「王、堂上《どうじょう》に坐す。牛を牽《ひ》いて堂下《どうか》を過ぐる者あり」と。王これを見て曰く、「牛何《いずく》にかゆく」と。対《こた》へて曰く、「将《まさ》に以て鐘《かね》に釁《ちぬ》らんとす」と。王曰く、「これを舎《お》け。吾その觳觫《こくそく》（恐れてビクビク）として罪無くして死地に就《つ》くがごとくなるに忍びず」と。

対《こた》へて曰く、「然らばすなはち、鐘に釁ることを廃《や》めんか」と。曰く「何ぞ廃むべけんや。羊を以てこれに易《か》へよ」と。識《し》らず、これあるや」と。曰く「これあり」と。曰く「この心、以て王たるに足《た》れり。百姓《ひゃくせい》（万民）、皆王を以て愛《おし》めりと為すなり。臣、固《もと》より王の忍びざるを知るなり」と。

王曰く「然り、誠に百姓のごとき者あり。斉国《せいのくに》（春秋戦国時代の一国）褊小《へんしょう》と雖《いえど》も、吾何ぞ一牛を愛《おし》まんや。すなはち、その觳觫《こくそく》として罪無くして死地に就くがごとくなるに忍びず。故に羊を以てこれに易へたり」と。

曰く「王、百姓の王を以て愛《おし》めりと為すを異《あや》しむことなかれ。小を以て大に易《か》ふ。彼いづくんぞこれを知らん。王もしその罪無くして死地に就くを隠《いた》まば、すなはち牛と羊と、何ぞ択《え》らばん」と。

王、笑ひて曰く、「これ誠に何の心ぞや。我その財を愛みて、これに易ふるに羊を以てするにあらざるなり。むべなるかな、百姓の我を愛めりと謂《い》ふや」と。曰く「傷《いた》むこと無かれ。これすなはち仁術なり。牛を見て未だ羊を見ざるなり。君子の禽獣《きんじゅう》におけるや、その生を見てその死を見るに忍びず、その声を聞いてその肉を食らふに忍びず。これを以て君子は庖厨《ほうちゅう》（調理場）を遠ざくるなり」と。

二　博愛の実行方法

博愛を行ふに、先後緩急《かんきゅう》の順序あり。まづ近きより遠きに及ぼすことに注意せざるべからず。

己れの親及び兄弟を愛せずして、他人の親及び兄弟に篤《あつ》きは背徳《はいとく》なり。自国民の事を顧《かえり》みずして他国民のためにするがごときは、売国奴《ばいこくど》としてこれを許さず。自己に関係の深き者に充分の義務を尽すと同時に、余力を以て博く他人を愛すべし。

もし仮りに愛に順序なく、万国民を平等に愛せざるべからずとせば、忠君愛国の優秀なる道徳的感情は何によつて維持《いじ》するか。国民道徳は、忠君愛国を以て第一位とす。

①〔仁徳《にんとく》天皇の博愛〕
天皇の御仁政は、しばしばこれを述べたり（第一回五④など参照）。天皇が高台に登りて炊《すい》煙《えん》の上《のぼ》らざるを御覧ありて、民の貧窮を察し給ひ、三年間の課役を免ぜられしは、博愛を行ひ給ひし者と云ふべし。

②〔光明《こうみょう》皇后の博愛〕
（第四十五代）聖武《しょうむ》天皇（七〇一～五六）の皇后は、光明皇后（七〇一～六〇）なり。皇后は、殊に慈善の心深く、まづ慈善院《じぜんいん》を建設せしめて「施薬院《せやくいん》」と名を賜ひ、更に養育院を建て「悲田院《ひでんいん》」と名づけらる。鰥寡孤独《かんかこどく》（伴侶や家族のない一人者）・廃疾不具《はいしつふぐ》の者も、これに因りて衣食その所を得て、皇后の恩に浴せり。

③〔明治《めいぢ》天皇の博愛〕
明治天皇（一八五二～一九一二）の御仁徳は、国民の洽《あまね》くよく知る所にして、今さら申すまでもなき事ながら、常に窮民《きゅうみん》を御救恤《ごきゅうじゅつ》（救援）あり。
[39]済生会《さいせいかい》（恩賜《おんし》財団）を起し給ひ、或は人民の中にて博愛の志篤きものには[40]藍綬褒章《らんじゅほうしょう》を授

け給うて、その篤行《とくこう》を嘉《よみ》し給ふなど、御徳の広大無辺なるは、これを形容し奉るべき辞《ことば》を知らず。

④〔和気広虫《わけのひろむし》の慈仁〕

和気広虫（七三〇〜九九）は、和気清麻呂《きよまろ》（七三三〜九九）の姉なり。（第四十六代）孝謙《こうけん》天皇（＝第四十八代称徳女帝）に仕《つか》へて特に天皇の寵《ちょう》を受けたり。そのころ藤原仲麿（七〇六〜六四）、乱《らん》を起して誅《ちゅう》せられ、その党与四百余人の斬罪《ざんざい》に処せられんとするに当り、広虫、大いにこれを憐《あわれ》み、諫言《かんげん》（忠告）を奉りしかば、死一等を減《げん》じて流罪《るざい》となれり。

ある時、飢饉《ききん》あり。民は己《おの》が子を養ふ能《あた》はずして路傍《ろぼう》に棄《す》つるもの多かりしかば、広虫、これを拾ひ上げ、己が手にかけて養ひ育つるもの八十三人なりき。（称徳）天皇、その志の篤《あつ》きを賞し、葛木首《かつらぎのおびと》の姓を賜へり。

その弟清麻呂が弓削《ゆげの》道鏡（?〜七七二）のために流されし時、広虫も姉の故を以て備後《びんご》に移されき。（第四十九代）光仁《こうにん》天皇（在位七七〇〜八一）即位し給ふに及び、召還《しょうかん》せられて旧官を受く。

天皇、広虫の人となりを賞して、「朕が侍臣《じしん》はいづれも他人の悪をあばきて、互ひに誹《ひ》謗《ぼう》するも、ひとり広虫のみは、いまだかつて人の短所を謂《い》へるを聞かず」と。以て広虫の品性の高潔なるを知るに足《た》る。

この姉にして清麻呂のごとき誠忠無類の弟あるは、故なきにあらず。広虫及び清麻呂姉弟の美徳は、世の兄弟姉妹の亀鑑《きかん》（模範）となすに足る。広虫は、のち正四位上に進み、典侍《てんじ》（内侍司《ないじし》の次官《すけ》）となり、七十歳にして卒《そつ》せり。

⑤〔奥貫友山《おくぬきゆうざん》の慈善〕

奥貫友山（一七〇八〜八七）は、武蔵の国川越《かわごえ》（埼玉県）在の人なり。幕府の儒臣成嶋錦江《じゅしんなるしまきんこう》（一六八九〜一七六〇）の門人にして、青木昆陽《あおきこんよう》（一六九八〜一七六九）・中村蘭林《らんりん》と《を》友とし善し。寛保《かんぽう》二年（一七四二）、関東《かんとう》に大洪水ありて、川越の近傍はその被害最も甚《はなは》だし。友山、被害民の惨状《さんじょう》を座視《ざし》するに忍びず、父と計《はか》りて吾が家の米倉を開きて窮民に粥《かゆ》を与へ、老人・子供には一人に四升づつの米を与へしかば、窮民、市をなして集まれり。僅かの間に米は尽きしかば、金を出して四方より米を買ひ集めて救助せり。限りある金なれば、また尽きしより、遂に己が田地・家屋敷を江戸の富豪に質入《しちいれ》して金を借り、以て救助せり。

かくして、その年の十月より翌年の四月までに、友山のために救はれし村は四十八ケ村、人数十万六千余人なりき。川越侯は、友山の志に感じ、友山を召して衣服・佩刀《はいとう》（身に帯《お》びる刀）を与へき。

これより先き、幕府は飢民の四方に離散《りさん》するを憂ひ、他郷に出づるを禁ぜしかば、富者の施米《せまい》を欲する者も、禁制のためその志を果す能はず。友山これを遺憾となし、師の成嶋《なるしま》錦江《きんこう》を訪ひ、幕府の禁制の不当を説き、錦江の賛成を得て、幕府に上書せしかば、即時禁制は解かれ、富者は私財を投じて飢民《きみん》を救ひ、ために餓死《がし》を免れたるもの幾万人なるを知らず。実に儒学の要《かなめ》を知るものと云ふべし。

後年明和《めいわ》年間（一七六四〜七二）、武蔵・上野《こうずけ》の二国にわたりて飢饉《ききん》あり。貧民、所々に党をなして富者を脅《おび》やかし、金を奪ひ、家を焼き、乱暴狼藉《ろうぜき》至らざるなし。友山の家にも暴行を加へんとす。

一人の者、走り来りて、「これは有名なる奥貫《おくぬき》様の家なるぞ。我等の祖父母・兄弟、水害の時に死を免《まぬが》れしは、全くこの家の御蔭《おかげ》なれば、必ず手をつくべからず」と、大声叱《しっ》呼《こ》せしかば、大勢の者、奥貫の門を拝して立ち去れりとぞ。「積善《せきぜん》の家に余慶《よけい》あり」とは、この事ならん。

⑥〔瓜生岩《うりゅういわ》の救助〕

瓜生岩（一八二九〜九七）は、岩代《いわしろ》（福島県）の人なり。十七歳にして若松の商家に嫁《か》せしが、三十四歳の時に、その夫病死せしかば、店は人に譲りて喜多方《きたがた》町に移りぬ。まもなく（一八六八年）戊辰《ぼしん》の役《えき》起り、会津《あいづ》藩士の家族は多く喜多方地方に逃《のが》れ来りしが、住むに家なく食《くら》ふに食なく、飢寒《きかん》に苦しみければ、岩はこれを憐《あわ》れみ、これらの人を己が家に宿せしめ、みづから資財を投じ、また有志の者と謀《はか》りて食物・衣類などを供給し、あるひは藩士の子弟が父兄を失ひ、流離《りゅうり》の不幸に遭ひ、田野に彷徨《ほうこう》して悪習に染まるを慨《なげ》き、有志を勧誘し、官の許可を得て、幼学所《ようがくしょ》を建設し、九歳より十三歳に至る五十余人の児童を集めて、読書・習字・算術を学ばしめたり。

明治六年（一八七三）自宅に貧児養育所を設け、明治二十年には福島町に救育所《きゅういくしょ》を開き、力を尽して貧児を教育せり。明治二十四年には、近郡の有志者に勧めて各所に「育児会《いくじかい》」を興さしめ、あるひは貧民を救助し、あるひは濃尾の震災（二十四年）に際し、あるひは日清戦役（二十七・八年）に際し、善行すこぶる多かりしかば、明治二十九年には藍綬褒《らんじゅほう》章《しょう》を賜ひてその善行を表彰せらる。

瓜生岩のごときは、明治の和気広虫《わけのひろむし》とも称すべき婦人なり。

宗教的偉人と称せらるる人は、博愛の最も強き人なり。仏陀《ぶつだ》（釈迦《しゃか》（BC四六三?～BC三八三?））のごとき、耶蘇《ヤソ》（基督、BC四?～AD三〇）のごとき、皆然らざるはなし。その他、孔子《こうし》（BC五五一～BC四七九）のごとき、ソクラテス（BC四七〇?～BC三九九）のごとき、道徳的人傑《じんけつ》もまた非常に同情心強く、その同情心がこれらの人を駆《か》つて義俠《ぎきょう》的大徳行を敢行《かんこう》せしめしによる。

博愛心は、人種によりて厚薄《こうはく》の差大なり。近時の欧洲人は、口に万国平和を唱へ、赤十字社事業などを説くも、彼等の戦争状態を見るに、敵を虐待《ぎゃくたい》すること甚だしく、赤十字社の本旨奈辺《なへん》（どこ）に存するやを疑ふ。

我が日本国民は、日清・日露の戦役においても、また近くは青島《チンタオ》の戦争（第一次大戦）においても、いかに負傷せる兵、降伏せる敵兵を憐《あわれ》み、これを厚遇《こうぐう》せしかは、世人の等しく認むる所なり。

我が国民は、戦争においても赤十字社の主旨を尊重実行せる唯一の国民なり。喋《ちょう》々口に博愛を唱へざるも、行為にこれを現はす国民なり。徒《いたず》らに博愛を唱ふる宗教的国民にして、実行に於てこれに反する彼の国民と、その優劣如何《いかに》。

第九回

学ヲ修メ業ヲ習ヒ、以テ智能ヲ啓発《けいはつ》シ、徳器ヲ成就《じょうじゅ》シ、

一　学を修むべき事

各自、完全なる人物として国家有用の者と成らんがためには、まづ己れを錬磨《れんま》せざるべからず。己れを錬磨するには、学問を修め、業務を習ひ、以て己れの智力を啓発するに如《し》くはなし。

しかれども、これのみにては有用の才たるも、いまだ道徳的人物としての完全なる人たり得ず。故に、さらに徳性を完成せんが為めに、修徳《しゅうとく》に努力せざるべからず。

人の世に処し、国家に貢献《こうけん》せんとするには、事理《じり》（道理）を明らかにし、己れの活動に過《あやま》ち無からんことを期せざるべからず。事理を弁じ、己れの活動を正確にするには、智識

を開発するに如《し》くはなし。智識の開発は学問を修むるにあり。特に帝王《ていおう》たる者は、学問を修め、帝王としての智力を養成せらるべし。かかる種類の学を「帝王の学」と称す。

①〔源《みなもとの》義家《よしいえ》の修学〕

昔時、源義家（一〇三九?～一一〇六）は、大江匡房《おおえのまさふさ》（一〇四一～一一一一）に「惜《おし》むらくは、いまだ兵法を知らず。」と諷刺《ふうし》せられしを羞《は》ぢ、厚く礼して大江匡房に就《つ》きて兵法を学べり。後年（一〇八七年）、清原武衡《きよはらのたけひら》を〔奥州〕金沢の柵《さく》〔城塞《さい》〕に攻《せ》むるに当りて、柵を去ること数里にして雁行《がんこう》〔雁が並んで飛ぶこと〕の列を乱すを見て、伏兵あるを知り、兵を縦《はな》ちて捜索《そうさく》せしめ、これを発見して遂に武衡《たけひら》を平げしは、義家が武将として学問を修めしによる。もし義家が先に大江匡房の語を憤《いきどお》り、兵学を学ばざりせば、金沢の柵にて伏兵に討《う》たれ、永く武将の名を残さざりしならん。

②〔蛍の光、窓の雪〕

〔第九十九代〕後亀山《ごかめやま》天皇（?～一四二四）〔実は南朝の第九十八代長慶天皇〈一三四三～九四?〉〕

の御製《ぎょせい》（『新葉和歌集』所収）に、

あつめては国の光となりやせん　わが窓てらす夜《よ》はの蛍は

この御製は、支那《シナ》の故事、いはゆる蛍雪《けいせつ》の功を歌ひ給へるものなり。

『孫氏世録《そんしせいろく》』に曰く、康《こう》（孫康《そんこう》、東晋時代の能吏）、家貧にして油無く、常に雪に映《うつ》して書を読む。少小にして清介《せいかい》（純真）、交遊雑《まじ》へず。後《のち》、御史大夫《ぎょしたいふ》（行政監察の高官）に至る。晋の車胤《しゃいん》（?〜三九七?）、字《あざな》は武子《ぶし》、南平の人なり。恭勤倦《きょうきんう》まず、博覧《はくらん》多通なり。家貧にして常に油を得ず。夏月《かげつ》は、すなはち練囊《れんのう》（袋）に数十の蛍火《けいか》を盛り、以て書を照らし、夜を以て日に続《つ》ぐ。

桓温《かんおん》（三一二〜三七）、荊州《けいしゅう》に在り、辟《め》されて従事（家臣）となる。義理を弁識するを以て深くこれを重んず。やうやく征西長史に遷《うつ》り、遂に朝廷に顕《あら》はる。時に武子、呉隠之《ごいんし》と寒素（質素）博学を以て、名を世に知らる。また賞会《しょうかい》に善し。当時、盛坐《せいざ》有るごとに、武子在らざれば、皆言ふ、「車公《しゃこう》（車胤）無くんば楽しからず」と。吏部尚書《りぶしょうしょ》（文教担当長官に相当）に終はる。

我が邦《くに》、明治維新前の蘭学者《らんがくしゃ》には、線香《せんこう》を点じて書見《しょけん》し、以て我が邦に西洋の学問を紹介するに務めたる者あり。当時は漢学を以て上下の学問と為せり。

しかれども、方今（現在）は西洋の学問を研究する必要大なり。されば、明治天皇の五条《ごかじょう》[41]御誓文《ごせいもん》の中にも、「広く知識を世界に求」むべしとあり。

二　業を習ふべき事

学問を修めて物の道理を知りたりとて、これを実地に応用せずんばその効《こう》無し。故に貧富貴賤《ふうききせん》の差別なく、何等か一定の業務を習ひて、国民としての本分を完《まつと》うすべし。「一夫、耕《たがや》さざれば必ず飢《う》ゆる者あり。一婦、織《お》らずんば必ず凍《こご》ゆる者あり。」といへるごとく、一定の職業なき者は、国力の発達を阻害《そがい》する事、決して寡《すくな》しとせず。

殊に方今《ほうこん》、世界の列強は、日に月に激烈《げきれつ》なる競争をなす。されば、一日の怠惰《たいだ》は一日国《こく》運《うん》の退歩を意味するものなれば、国民たるもの、各自の職に対して勤勉怠らず、国力の発展に資《し》せざるべからず。

就中《なかんずく》、帝王としての鴻業《こうぎょう》（偉大な事業）は、皇祖皇宗の遺業を継承《けいしょう》するに在り。これ国運の発展に甚大《じんだい》の影響を与ふるものなれば、帝王の業には特に留意し給ふを要す。

これを要するに、職業は国力の消長に大関係あるものなれば、国民たるものは、職業を以て卑賤《ひせん》なりとするがごとき昔時《せきじ》の弊風《へいふう》（悪習）は一掃せざるべからず。いはんや職業間に高卑《かうひ》の差を附するにおいてをや。

①〈スピノザ Spinoza の職業〉

西洋の哲学者スピノザ（オランダ出身、一六三二～七七）は、眼鏡研《めがねみが》きを以て己れの業とせり。しかれども、その卓絶せる学識と崇高なる品性とは、当時の欧州の学界を振駭《しんがい》（驚嘆）せしめ、時人の尊敬を一身に集めたり。

②〈ダルトン Dalton の職業〉

ダ《ド》ルトン（一七六六～一八四四）は、英国の化学者なり。原子説《げんし》創立者としてその名は学界より没する能《あた》はず。しかも彼は、終身小学校教員（私塾）を以て甘んじ、一方にて学界に有益なる大発明をなせるは、先のスピノザが眼鏡研きをなして学界に貢献せしと同じく、美談といふべし。

されば、各自の職業に対しては、献身的努力を捧《ささ》げ、苟《いやし》くも一身の安逸《あんいつ》を貪《むさぼ》り、一時の艱苦《かんく》を厭《いと》ふがごとき軽薄者流に陥《おちい》るべからず。大国民たるの資格を得るは、堅忍《けんにん》努力に待つこと大なり。

三　以テ智能ヲ啓発《けいはつ》シ

学を修め業を習ふ所以《ゆえん》（理由）は、智能を啓発するにあり。方今、世界各国は科学の発達を競ひ、百般学術の研究により民心に科学的精神を与へんとす。我が邦《くに》の科学的文明は日なほ浅きも、半世紀にしてよく西欧の数世紀に亘《わた》りて成れる学術をことごとく消化せり。これ智的鋭敏《えいびん》の国民性にあらずんば、能《あた》はざる所なり。しかるに、酔欧家《すいおうか》（西洋心酔者）は謂《い》ふ、「日本人は模倣《もほう》的国民にして創造の才なし」と。この論は時代と社会状態とを顧《かえり》みざるものなり。

日本が諸外国と交通せしは最近に属す。それ以前は知識は国内に限られたり。世界の知識を知らざる時代において、関新助《せきしんすけ》（孝和、一六四〇?～一七〇八）のごとき、微分《びぶん》・積分《せきぶん》を発明せし大数学家（和算《わさん》学者）ありしにあらずや。また伊能忠敬《いのうただたか》（一七四五～一八一八）は、測量術を発明せしにあらずや。

大和民族は決して模倣を以て甘んずる国民にあらず。昔時において学術の進歩の遅かりしは、世界との競争なかりしに基づく。

大和民族が智的鋭敏なるの証拠には、支那《シナ》の儒学《じゅがく》は、今や日本の学となれるにあらずや。印度《インド》の仏教も、日本においてひとり栄え、日本仏教となれるにあらずや。今や西洋の学術も日本において栄ゆる、遠きにあらざるべし。

四　徳器《とっき》ヲ成就《じょうじゅ》シ

人の万物の霊長《れいちょう》（霊妙な能力をもつ最高の生物）たる所以《ゆえん》は、人としての徳性を具備するにあり。いかに俊才《しゅんさい》なるも、いかに博学なるも、善良なる道徳的品性《ひんせい》なくんば真の人と称し難し。されば、道徳的品性を修養するは、人たるものの、まさに務むべき道なり。

①〔中江藤樹《なかえとうじゅ》〕

中江藤樹（一六〇八～四八）は、年わづかに十一にして『大学』（『礼記《らいき》』の一部）の中の「天子より以て庶人に至るまで、壱《いっ》にこれ皆、身を修むるを以て本《もと》と為す」との文に感激奮励《ふんれい》して、聖学《せいがく》に志し、ひたすら忠孝の道に入り、ますます身を修め、学を習ひ、母に仕《つか》へて至孝《しこう》、実践躬行《じっせんきゅうこう》（自分から実行）、衆に率先して子弟郷人《きょうじん》（郷土の人々）を指導せしかば、遂に「近江聖人《おうみせいじん》」といふ芳名《ほうめい》を残すに至れり（第四回四①参照）。

②〔二宮尊徳《にのみやそんとく》〕

報徳二宮《ほうとくにのみや》神社（神奈川県小田原市）に神として祀《まつ》らるるは、二宮尊徳（金次郎、一七八七〜一八五六）なり。尊徳は幼時より人生のあらゆる辛酸《しんさん》（苦労）を嘗《な》め尽し、境遇《きょうぐう》に打ち勝ち、学を修め、業を習ひ、智能を啓発し、さらに徳器を大成せる偉人なり。

尊徳は、小田原在《ざい》の栢山《かやま》村に生る。家は赤貧《せきひん》（極度の貧困）にして、幼少の時より家業を助け、母及び幼き弟を育つる傍《かわた》ら読書に耽《ふけ》り、山樵野耕《さんしょうやこう》（山の木を伐り田や畑を耕す）の往復にも、必ず書を携《たずさ》へて高誦《こうしょう》せり。

十六歳の頃、叔父《おじ》万兵衛に寄食するに至るや、万兵衛は、百姓には学問は無用なりとし、かつ灯下《とうか》書を読むの油を吝《おし》み、さらに読書のため夜業を怠るを責《せ》めしかば、尊徳は川の堤《てい》防《ぼう》の空地《あきち》に油菜《あぶらな》を植ゑてその種子を油に換《か》へ、夜は索《なわ》（縄）を綯《な》ひ、莚《むしろ》を織《お》り、夜更《よふ》け人鎮《しず》まりて後、ひそかに起き、灯《ともしび（あかり）》に衣を掩《おお》うて読書し、暁《あかつき》に至る事、しばしばなりきといふ。

かく常人の企て及ばざる艱難《かんなん》に耐へ、遂に人倫の大義を暁得《ぎょうとく》（会得《えとく》）し、天賦《てんぷ》の義侠心《ぎきょうしん》より荒地を治め、惰風を矯《た》め、悪人を善化するなど、あらゆる方面において一身を犠牲《ぎせい》に供して努力せしかば、諸大名の財政上の顧問となり、また、子弟の師表（指導者）と仰がれ、遺憾《いかん》なく徳器を大成せり。

二宮尊徳は臣下の模範的人物と称すべし。彼は目下（冬期）、殿下（裕仁親王《ひろひと》）の御滞在あらせらるる当沼津《ぬまづ》[42]（御用邸《ごようてい》）近傍の人なれば、この（小田原）地方は定めしその余香《よこう》（後世に残る影響力）存するなるべし。

以上は臣民としての例を云ひしが、殿下の御修学は、いかにせば、臣民が学を修め、業を習ひ、智能を啓発し、徳器を成就し得らるるかに御著眼あらせらるるを要す。これ殿下の天職《てんしょく》なれば、徒《いたずら》に枝葉《しよう》に流るるごときこと、あらせ給ふべからず。

③『寛平御遺誡《かんぴょうごゆいかい》』[43]に曰く、「天皇（子）、経史百家《けいしひゃっか》（多くの思想家の書籍）を窮《きわ》めずと雖《いえど》も、何の恨《うら》む所あらんや。ただ『群書治要《ぐんしょちよう》』は早く誦習すべし。雑文に就いて以て日月を消すなかれ。」とあり。この一事に注意せさせ給ふべし。

④また『十八史略』（元代初めの曽先之《そうせんし》撰）に学の要を述べて曰く、戦国の時、子思《しし》（孔子の孫、BC四八三?〜BC四〇二?）、衛《えい》（河南省の一侯国）に居る。苟変《こうへん》、将たるべしと言ふ。衛侯曰はく、「変、かつて吏《り》となり民に賦《ふ》し、人の二鶏子を（取り立て）食らふ。故に用ひず」。

子思曰く、「聖人の人を用ふるは、なほ匠《たくみ》の木を用ふるがごとし。その長とする所を取り、短とする所を棄つ。故に杞梓《きし》（杞《おうち》や梓《あずさ》のような良材）連抱《れんほう》（両手でかかえるほどの大きさ）にして数尺の朽《きゅう》有るも、良工は棄《す》てず。いま君、戦国の世に処《しょ》して、二卵を以て干城《かんじょう》の将（国家守護の武将）を棄つ。これ隣国に聞かしむべからざるなり」。衛侯言ふ、「計、是《ぜ》にあらず」と。しかうして、群臣和する者、一口《いっこう》に出《いづ》るがごとし。

子思曰く、「君の国事、まさに日に非ならんとす。君、言を出《いだ》し、自ら以て是となす。しかうして卿大夫《けいたいふ》、敢《あ》へてその非を矯《た》むる（修正）なし。卿大夫、言を出し、自《みずか》ら以て是となす。しかうして庶人《しょじん》、敢へてその非を矯《た》むるなし」。

詩（『詩経』小雅・正月）に曰く「具《つぶさ》に予を聖なりと曰ふ。誰か烏の雌雄《しゆう》を知らん」と。君主たるものの著眼（見識）は、かくあらせ給ふべし。

第十回

進デ公益《こうえき》ヲ広メ、世務《せいむ》ヲ開キ、常ニ国憲《こっけん》ヲ重ンジ、国法《こくほう》ニ遵《したが》ヒ、

一　進デ公益ヲ広メ、世務ヲ開キ

先に学を修め、業を習ひ、以て智能を啓発《けいはつ》し、徳性を涵養《かんよう》（育成）して、国家有用の人となるべきを説けり。

これと同時に、さらに進んで、公衆の幸福を計《はか》り、世に必要なる事業を興《おこ》して、一般国民の生業を開くべきなり。これを「進デ公益ヲ広メ、世務ヲ開キ」と云ふなり。これ前段の「博愛、衆ニ及ボシ」の心を拡張せるものと云ふべし。

二　歴代の天皇、公益を広め世務を開き給ふ

歴代の天皇は、慈心《じしん》に富ませられ、率先《そっせん》して民の公益を広め、世務を開き給ふ。天照大神《あまてらすおおみかみ》の農耕・蚕織《さんしょく》を勧め給へる、（第一代）神武《じんむ》天皇の勧農《かんのう》を始めとし、（第十一代）垂仁《すいにん》天皇・（第十五代）仁徳《にんとく》天皇の水利に努められ、（第二十一代）雄略《ゆうりゃく》天皇の養蚕《ようさん》を奨《すす》められ、（第二十六代）継体《けいたい》天皇の勧農の詔勅を発せられたるなど、聖旨の篤《あつ》きを知るに足《た》る。

されば、臣民たるものは、公衆の利益を広め、世務を開くことに留意せざるべからず。あるひは学校・図書館を建てて公衆の智能の啓発に資し、あるひは病院・孤児院・養老院などを設けて不幸の人を救ひ、あるひは道路を通じ橋梁《きょうりょう》を架《か》けて、通行運搬の便を計り、あるひは荒地を開墾《かいこん》して公益を与ふるなどの事を企《くわだ》つるは、人として最も高尚なる事業なり。

①〔野中兼山《のなかけんざん》の公益〕

野中兼山（一六一五～六三）は、土佐の人なり。藩主山内《やまのうち》侯（忠義、一五九二～一六六五）に仕へ、新政を行ひ、土佐の面目を一新せし経世的儒者なり。その政治・経済の材に至り

ては、当時海内無比《かいだい》（日本一）と称せらる。

その治蹟、枚挙《まいきょ》に暇《いとま》あらざるも、顕著《けんちょ》なるものを挙ぐれば、土佐の国はもと長曽我部《ちょうそがべ》氏の領地なりしかば、その断絶後、遺民業《ぎょう》を失ふもの多かりき。兼山、これを憐れみ、浪人《ろうにん》を駆《か》りて新田開墾《しんでんかいこん》をなさしめ、水利を興して灌漑《かんがい》に便ならしめ、川を堰《せ》き止めしむるなど、大いに世務を開き、依りて得たる地は民に領有《りょうゆう》を許したるを以て、新田の収穫《しゅうかく》十余万石に上《のぼ》れりといふ。今日も兼山の遺工によりて灌漑せる地積、四千二百町歩（約四二〇〇ヘクタール）あり。

兼山は、土佐の山海の富源を利用して実業を奨励《しょうれい》し、山には植林《しょくりん》、海には交通の便を計り、室戸《むろと》港を修築し、あるひは堤防を築き、あるひは魚類の繁殖《はんしょく》をはかれり。

兼山、かつて江戸に来り、帰国に際して書を郷土の人に送つて曰く、「土佐に無き土産《みやげ》蛤一艘《はまぐりいっそう》を持ち帰り、郷人に進物とせん」と。衆皆、珍味を味ひ得るを喜び、指折り数へて兼山の帰国の日を待つ。しかるに、兼山は帰国に及び、その載《の》する蛤をことごとく城下の海中に投ぜり。衆、怪《あや》みてその故を問ひければ、兼山、笑つて曰く、「これひとり卿《けい》等に饋《おく》るのみならず、卿《けい》等の子孫にも饋るなり」と。その後、果して多くの蛤《はまぐり》を生じ、衆始めて兼山の思慮の深きに感ぜり。

②〔青木昆陽《あおきこんよう》の公益〕

東京府下目黒に「甘藷《かんしょ》先生墓」と刻する石碑あり。こは享保《きょうほう》年間（一七一六～三六）の蘭《らん》学《がく》の大家青木昆陽（一六九八～一七六九）の墓なり。その甘藷先生と称せらるる所以《ゆえん》は、昆陽が甘藷《かんしょ》を以て大いに公益を計《はか》りしによる。

昆陽は甘藷栽培《さいばい》に就きて多年研究する所あり。甘藷は凶作の年に穀物の欠乏を補うて余りあり。かつ穀物の成長せざる瘠地《やせち》にてもなほよく繁茂《はんも》するを以て、つとにこの栽培の急務なるを感ず。たまたま時の町《まち》奉行《ぶぎょう》大岡越前守忠相《ただすけ》（一六七七～一七五一）に知られ、『甘（蕃）藷考』（享保二十年〈一七三五〉）の一文を将軍（徳川吉宗）に上書するの機会を得たり。

よって、薩摩《さつま》芋《いも》御用掛《ごようがかり》となり、甘藷の種子を薩摩の国より取り寄せ、これを（江戸城内）吹上《ふきあげ》の庭及び小石川の薬園《やくえん》に植ゑ、試作を行はしめしに、好果《こうか》を収むるを得たりしかば、「甘藷考」なる書物と共に、其の種子を伊豆《いず》七島・佐渡・其他の諸州に配布せり。

かくして、数年の内に東国一般に拡まり、凶作の年にはこれによりて人命を救ひし事、莫大《ばくだい》なりき。

③〔玉川《たまがわ》清右衛門《せいえもん》の玉川上水設計〕

将軍家光（一六〇四～五一）の頃に至りて、江戸市街《しがい》日々に繁栄に赴《おもむ》き、城東の地、河《か》沼《しょう》を埋《うず》めて宅地とせる者多く、井を穿《うが》つも清水を得ず、民大いに苦しむ。将軍、これを患ひ、江戸町奉行神尾《かんお》備前守《びぜんのかみ》元勝《もとかつ》（一五八九～一六六七）に謀《はか》る。元勝これを有志に謀る。たまたま玉川の村民に水利の術に長ぜる清右衛門兄弟あり。武州（東京都）多摩《たま》郡羽《は》村より玉川の流れを引いて、これを東方に導くこと十三里にして江戸に達すとの上書を為す。元勝、これを将軍に提出し、四代将軍家綱（一六四一～八〇）の時に至りて、清右衛門兄弟に命じて工を起さしむ。

この工事は、承応二年（一六五三）四月四日に始まり翌年六月成る。水路は武蔵羽村より四谷《よつや》大木戸《おおきど》に及び、さらに溝渠《こうきょ》（掘割《ほりわり》）を設けて芝《しば》虎の門に至る。渠《きょ》の深さ八尺（二・四メートル）、広さ十八尺（五・四メートル）、渠の左右には分流を通じ、地中に溝《みぞ》を穿《うが》ちて水を引き、市民の飲料水に供し、兼ねて消火に用ふ。将軍その功を賞して玉川の姓を許す。

清右衛門の測量の方法は、非常に簡単なるものにして、水路の高低を測るには、夜間、人夫に近きは線香《せんこう》の火を持たせ、遠きは提灯《ちょうちん》を持たせて、彼方此方《かなたこなた》へ行かしめ、光の見えざるを度として、この所は彼の所よりも幾尺高低《こうてい》あり、あるひは幾尺左にありとか右にありとかを測《はか》りて、始めて一つの水路を定めきといふ。その術の非凡《ひぼん》なるを知るに足《た》る。

三　常ニ国憲ヲ重ンジ、国法ニ遵《したが》ヒ、

国民として国家に尽す徳は、国憲を重んじ、国法に遵ひ、義勇公《こう》に奉ずるの三徳となす。その中の前二者に就きて説かんに、国民としては常に帝国憲法を重んじ、かつ国の法律を遵奉《じゅんぽう》（順守）すべきなり。

我が国には、昔より国憲（国家の根本法）存せり。しかれども、成文律《せいぶんりつ》（明文法）とならざりき。

その然《しか》る所以《ゆえん》は、古昔は物事極めて淳朴《じゅんぼく》にして、我が国体は無為《むい》にして成り、無識にしてこれに依り、憲法なくして憲法あるは、あたかも健全なる人の健全なるを知らざると同一なり。国体《こくたい》ありて国体論なきは、実に我が国の誇《ほこ》りにして、また我が国民性の美点とす。

しかるに、国政の複雑なるに従ひ、治政上成文律《せいぶんりつ》の必要を感ずるに至りしかば、明治元年（一八六八）三月十四日、明治天皇、群臣を率ゐ、祖宗《そそう》の神霊に誓ひ、「五（箇）条の御《ご》誓文《せいもん》」を宣し給へり（補注41参照）。これ、後の帝国憲法の基礎となれり。

明治二十二年（一八八九）二月十一日、紀元の佳節《かせつ》を以て、[44]皇室典範《こうしつてんぱん》及び帝国憲法を定め、これを祖宗の神霊に告げ、これを一般国民に発布し給ひ、我が立憲政体の基礎、ここに確立せり。国憲とは、現今は憲法を云ふも、古代にては大義名分《たいぎめいぶん》を云ふ。

①〔源頼朝《みなもとのよりとも》、法制を立つ〕

頼山陽は、その著『日本外史』に、源頼朝（一一四七～九九）が幕府を開きて、君臣の分を明かにせるを賛して曰く、「すなはち、これ頼朝、天下万世の為に、已《や》むを得ざるの事を創《はじ》めて、以て踰《こ》ゆべからざるの限《げん》を立つ。しかうして、君臣の際《きわ》、両《ふた》つながらそのよろしきを得るなり。しからずんば、いづくんぞ莽操懿卓《もうそういたく》（王莽・曹操・司馬懿・薫卓のような簒奪者）の我が国に踵《きびす》を接せざるを知らんや、頼朝、天下に功徳《くどく》あること、その父祖に勝ると曰ふといへども可なり。」と。けだし、至言と云ふべし。

②〔豊臣秀吉、君臣の分を明かにす〕

文禄《ぶんろく》四年（一五九五）、明使李宗城《りそうじょう》・揚方亨《ようほうきょう》等「秀吉を封じて日本国王と為す。」の封冊《ほうさく》（明皇帝からの任命詔書）、国王の金印・冕冠《べんかん》（王冠）などを齎《もたら》して来《きた》る。秀吉、これを伏見城

（桃山城）に引見す。

使者、璽書《じしょ》（御璽を捺した文書）・冕服《べんぷく》（国王用の礼服）を奉ず。礼畢《おわ》りて、秀吉、僧承兌《じょうたい》（西笑《せいしょう》）承兌（一五四八〜一六〇八）に命じて、冊命《さくみょう》（任命書）を読ましむ。承兌読みて「爾《なんじ》を封じて日本国王と為す。」の語あるに及びて、秀吉大怒し、冕服《べんぷく》を脱し、冊書を併せて地に抛《なげう》ちたり。これ秀吉が我が国の君臣の分《ぶん》を明らかにせるものなり。

③〔醍醐《だいご》天皇と藤原時平《ときひら》〕

（第六十代）醍醐天皇（八八五〜九三〇）は、英明にして下《しも》を慈《いつくし》み、精を励まし、治を図り給ふ。世、称して「延喜《えんぎ》の治《ち》」（治政の聖代《せいだい》）と云ふ。しかれども、泰平久しくして、朝臣の奢侈《しゃし》（贅沢《ぜいたく》）甚だしくなりしかば、天皇しばしば奢侈《しゃし》を禁ずれども行はれず。

左大臣藤原時平（八七一〜九〇九）、鮮服《せんぷく》（真紅の束帯《そくたい》）を衣《き》て朝（朝廷）に上《のぼ》る。天皇これを叱《しっ》して曰く、「朕、しばしば令して奢侈を禁ず。しかるに、左大臣、百官に長とし、首として禁を破る。大臣の挙動、豈《あに》かくのごとくなるべけんや」と。

時平、責《せめ》を引きて私邸に蟄居《ちっきょ》（謹慎）すること一ケ月ばかり。ために朝臣《ちょうしん》の風俗改まる。

天皇が時平を戒《いま》しめ給ひしは、まづ上《かみ》より遵法《じゅんぽう》せずんば、下《しも》を導く能《あた》はざる所以《ゆえん》を示し給へるなり。

④〔羽田正養《はだせいよう》の遵法《じゅんぽう》〕

文化年中（一八〇四〜一八一八）、北海道択捉島《えとろふ》に事変起り、幕府は御目付《おめつけ》羽田《（羽太はぶと）》正養《まさやす》（一七五二〜一八一四）を蝦夷地奉行《えぞちぶぎょう》として、早速かの地に赴《おもむ》かしめたり。正養は、幕府の命を受けて、急ぎ旅の仕度をなし、種々の兵器・大砲を牽《ひ》き、下総《しもうさ》（千葉県）の栗橋《くりはし》の関所《せきしょ》に到著しけるが、あまり急ぎたる為《た》めに、通行券を取り残せり。

しかうして、事変は一刻も猶予《ゆうよ》なり難し。よりて、拠《よんどころ》なく事の次第を関所の番人に告げ、そのまま通り抜けんとせしが、関守《せきもり》肯《がえん》ぜず。正養、再び江戸に引き返して通行券を取り来らんとて、その間大砲を預りくるるやうに相談しけれども、関守、そは関所の規則に違ふとて肯ぜず。

正養、やむなく多くの供人・兵器・大砲を引き連れていったん江戸に帰り、通行券を得て再びその関を通り抜けたり。

この関守が高位の人に恐れず、法則を取つて動ぜざると、正養が急変に赴く身にも拘《かかわ》らず、関所の規則に従ひしとは、共に遵法《じゅんぽう》の道を守りしものと云ふべし。

第十一回

一旦緩急《かんきゅう》アレバ義勇公《こう》ニ奉ジ、以テ天壌《てんじょう》無窮《むきゅう》ノ皇運ヲ扶翼《ふよく》スベシ。是《かく》ノ如キハ、独リ朕ガ忠良ノ臣民タルノミナラズ、又以テ爾《なんじ》祖先ノ遺風ヲ顕彰スルニ足ラン。

斯《こ》ノ道ハ、実ニ我ガ皇祖皇宗ノ遺訓ニシテ、子孫臣民ノ倶《とも》ニ遵守《じゅんしゅ》スベキ所、之ヲ古今ニ通ジテ謬《あやま》ラズ、之ヲ中外ニ施シテ悖《もと》ラズ。

朕、爾臣民ト倶《とも》ニ拳々服膺《けんけんふくよう》シテ、咸《みな》其徳ヲ一《いつ》ニセンコトヲ庶幾《こいねが》フ。

一　一旦緩急アレバ、義勇公ニ奉ジ

国家に一旦危急《ききゅう》の事変あれば、国民たるものは、正義の勇を奮つて、国家の為めに尽すべし。義勇とは、正道を行はんために現《あら》はすの勇気にして、換言《かんげん》すれば正義より起る勇気なり。公に奉ずとは、義勇を奮つて国家のために一身を捧ぐるを云ふ。義勇奉公は、三方面に現はる。

〔その二〕外国に対して。

外国が金甌《きんおう》無欠《むけつ》（完全）なる国体（日本の国柄）を陵辱《りょうじょく》（侮辱《ぶじょく》）せんとする時には、国民は挙国一致して、これに当らざるべからず。

①〔北條時宗《ほうじょうときむね》〕

北條時宗（一二五一〜八四）鎌倉の執権《しっけん》（将軍補佐の政務統轄職）たりし時、元主（元朝の皇帝）忽必烈《フビライ》（一二一五〜九四）、皇国を犯さんとし、文永《ぶんえい》十一年（一二七四）、（第九十一代）後《ご》宇多《うだ》天皇（在位一二七四〜八七）の御代《みよ》に、元兵一万五千・高麗《こうらい》兵八千・戦艦九百艘《そう》を以て、対馬《つしま》・壱岐《いき》を攻め、島民を殺し、進んで筑前博多《はかた》に上陸し、民家を焚《や》き、良民を殺し、産を奪《うば》ひ、暴戻《ぼうれい》（乱暴）甚《はなはだ》しかりしが、たまたま大風雨起り、賊船《ぞくせん》破れ、元軍、夜に乗じて遁《のが》る。

さらに弘安四年（一二八一）元軍、大挙して攻め来る。兵数十余万、兵船四千四百艘、舳艫《じくろ》相銜《ふく》みて肥前（佐賀・長崎県）の海上に陣す。この時に当り、上《かみ》は（第九十代）亀山《かめやま》上皇（一二四九〜一三〇五）、伊勢大神宮に祈らせられ、身を以て国難に代らんと祈禱《きとう》し給ひ、下《しも》は時宗、諸国の将士を励まし、挙国《きよこく》一致、敵に当りぬ。たまたま一夜、大風起り、賊船ことごとく破れ、溺死《できし》するもの、挙げて数ふべからず。元軍十万、生還するもの僅《わず》かに三人と称す。

嗚呼《あゝ》元寇《げんこう》の役（蒙古《もうこ》襲来）や、皇国の危機なりき。この危機を脱するを得たるは、上下一致して国難に当り、国民よく義勇奉公の実を挙げたるに依る。

〔その二〕内乱に対して。

国家の危急は外国《がいこく》と干戈《かんか》（武器の戦闘）を交ふる時にのみ限らず。過去の歴史を見れば、内乱の起ること少からず。この場合にも、一身を犠牲《ぎせい》に供《きよう》して、正道の為めに奮闘《ふんとう》せざるべからざるを知る。

②〔楠正成《まさしげ》〕

楠正成は、（第九十六代）後醍醐《ごだいご》天皇の御代《みよ》において、さきに北条氏を滅《ほろぼ》し、のち足利尊《たか》氏《うじ》の叛《そむ》くに及んで、勤王のために湊川《みなとがわ》に戦死し、その子孫も正成の志を紹《つ》ぎて困難に殉《じゆん》じ、一門の潰滅《かいめつ》するに至りて、始めて足利氏、天下に志を成すことを得たり。正成なかりせば、当時我が国はいかになり行きしならん（第二回二③参照）。

〔その三〕逆臣に対して。

逆臣が大義名分を乱さんとする時に当りては、奮起《ふんき》して一身の栄辱《えいじょく》を忘れて、正道を現はさざるべからず。

③〔和気清麻呂《わけのきよまろ》〕

和気清麻呂は、僧道鏡《どうきょう》が寵《ちょう》に馴《な》れ、皇位を覬覦《きゆ》（狙《ねら》い企てる）するに当りて毅然《きぜん》として大節を持し、以て皇基を万世に亘《わた》りて鞏固《きょうこ》にせり（第二回二②参照）。

また明治維新の際、勤王の志士は皇国の正道を現はさんがために、あらゆる艱苦《かんく》を嘗《な》め尽して、勤王のために献身的に努力せり。

二　義勇奉公は忠君愛国に基づく

以上のごとく、我が国民は国家の危急に際して義勇奉公の挙に出づるは、忠君愛国の至情に発す。いったん緩急《かんきゅう》（危機）あらんか、義勇奉公、凛烈《りんれつ》（厳然）たる態度に出《い》で、最後の一人までも戦ふ。かの外国のごとく、一聯隊《れんたい》の大軍が白旗《しろはた》をあげて軍門に降るが如き醜《しゅう》態《たい》は、我が大和《やまと》民族の大恥辱《ちじょく》とする所なり。

かかる勇武の民を出せし所以《ゆえん》は、一《いっ》に皇祖皇宗の徳を樹《た》つること深厚にして、歴代天皇の鋭意《えいい》君徳を養成し給ひしに在り。

（皇太子）殿下におかせられても、深くここに御留意ありて、君徳の御修養に務めさせ給はんことを望む。

三　以テ天壌《てんじょう》無窮《むきゅう》ノ皇運《こううん》ヲ扶翼《ふよく》スベシ。

臣民たるものは、上述の諸徳を実行して、万世一系《ばんせいいっけい》、天壌《てんじょう》（天地）とともに窮《きわま》り無き皇運（皇室の運命）を扶翼《ふよく》（賛助）すべし。

一身上の徳を完成し、他人に対するの徳に及ぼし、自他ともに完全なる行を履《ふ》み、国家に対する徳に及ぼし、あるひは平時の務めを完《まっと》うし、危急の事に及ぼし、しかうして始めて皇運を扶翼することを得べし。

四　是《かく》ノ如キハ、独《ひと》リ朕《ちん》ガ忠良ノ臣民タルノミナラズ、又以テ爾《なんじ》祖先ノ遺風ヲ顕彰スルニ足ラン。

かくのごとき行《おこない》を為す臣民は、皇室に対しては忠臣、また臣民の祖先に対してはその遺風を発揮する孝子なり。

すなはち、上述の徳行を完成する臣民は、忠孝兼備の国民と云ふべし。

五　斯《こ》ノ道ハ、実ニ我ガ皇祖皇宗ノ遺訓ニシテ、子孫臣民ノ倶《とも》ニ遵守《じゅんしゅ》スベキ所、之ヲ古今ニ通ジテ謬《あやま》ラズ、之ヲ中外ニ施《ほどこ》シテ悖《もと》ラズ。朕、爾《なんじ》臣民ト倶ニ拳々服膺《けんけんふくよう》シテ咸《みな》其徳ヲ一《いつ》ニセンコトヲ庶幾《こいねが》フ。

この道は、皇祖皇宗の遺訓なれば、皇祖皇宗の御子孫なる天皇は、臣民と倶《とも》にこれを遵守《じゅんしゅ》させ給ふ。この道は時の古今、国の内外を問はず、これを行ひて謬《あや》まり悖《もと》る（反する）

ことなし。これ実に普遍的永劫《えいごう》的真理と云ふを得べし。

重剛、本進講の始めに当り、菊池（大麓《だいろく》、一八五五～一九一七）男爵が、かつて英国において、日本教育の中心が「教育勅語」に在ることを述べし時、英国教育家は、宗教以外にかかる権威あるもののあるを見ずといひて、大いに羨望《せんぼう》せしとの事を申し上げたり。（第一回参照）。

重剛も、かつて英国の友人が、日本人は宗教なくして何故《なにゆえ》尊敬すべき国民となれるか、と怪しみ問ひ来りし時、日本には皇祖皇宗の遺訓たる「教育勅語」ある事を通知せしかば、友人は大いに敬服せし事あり。中外（国内・海外）に施して悖《もと》らざること、これを以て知るべし。

明治天皇は、

朕、爾臣民ト倶ニ拳々服膺《ふくよう》シテ、咸《みな》其徳[45]ヲ一《いつ》ニセンコトヲ庶幾《こいねが》フ

と宣《のたま》はせられたり。故に皇太子殿下におかせられても、御自身御実行あらせらるると同時に、いかにすれば臣民をしてこの道に進ましむるを得《う》べきかの一事に御留意あらせられんことを望む。

（大正四年三月、御進講了）

補注（丸括弧内は御進講録の頁数）

所　功

第一回

1　王政維新（17頁）

慶応三年（一八六七）十二月「王政復古の大号令」、翌明治元年三月「五箇条の御誓文」などによる近代日本の一大変革。維新とは、『詩経』に「周は旧邦（歴史の古い国）と雖も、その命維新《これあらた》なり。」とみえ、明治当初は「御一新」とも称された。

2　二千五百有余年来（17頁）

『日本書紀』の神武天皇即位元年を、辛酉《しんゆう》革命説により機械的に西暦紀元前六六〇年と設定した年の数え方（皇紀）で、大正三年は二五七四年にあたる（補注10参照）。ただ、この皇紀には無理があるため、「国史」を進講された御用掛の白鳥庫吉博士は、これを用いずに、何天皇の御代《みよ》とか今より何百年前という表現を使っている。拙稿「白鳥庫吉謹撰『国史』教科書解説」（勉誠出版刊『日本歴史』所収）参照。

3　教育勅語（18頁）

明治二十三年（一八九〇）十月三十日、明治天皇から文部大臣に下賜された「教育に関する勅語」。その起草に元田永孚・井上毅らが尽力したが、この勅語は、天皇ご自身の純粋な教育指針を示す御言葉として、一般の勅語のような大臣の副署を加えずに公表された。

4 **菊池男爵**（18頁）

菊池大麓《だいろく》（一八五五～一九一七）は、明治三年（一八七〇）英国ケンブリッジ大学に留学、数学専攻。同三十一年東大総長、同三十四年文部大臣、同四十二年帝国学士院長。

5 **支那**（19頁）

中国大陸は秦《しん》の始皇帝により初めて本格的に統一されたので、その後しばしば王朝が興亡しても、「シン」が中国全土を指す名称として用いられ、シンをシナと和名化して支那の字を宛てたもので、チャイナ（china）もシン・シナに由来する。

6 **万世一系**（19頁）

万代（永遠）にわたり大和朝廷以来の同一家系＝皇統が続くことで、吉田松陰の「士規七則」に「万葉一統」というに同じ。それは血縁の同一家筋による継承であればよく、父系を絶対視する中国などのような父子相承には限らない。その実態は拙著『皇位継承』（文春新書）など参照。

7 **天照大神**（20頁）

『日本書紀』などによれば、「日神」「大日孁貴《おおひるめのむち》」とみえるので、万物を照らし育む太陽神の性格を有するが、「天照坐皇大神」ともみえるので、太陽のごとく広大な権威をもつ皇室の祖先神であり、皇室（ヤマト王権）が日本国内を統一するに及び、皇祖神が日本の国家神（日本人の総氏神）とみなされるに至った。伊勢の神宮、宮中の賢所《かしこどころ》、全国各地の神明神社などに祀られている。拙著『伊勢神宮』（講談社学術文庫）参照。

8　高千穂の峰（21頁）

宮崎県都城市から鹿児島県姶良《あいら》郡にまたがり聳《そび》える霧島火山中の高峰。霧島山の山頂（一五七四メートル）に「天の逆鉾《さかほこ》」を模《かたど》った塚がある。

9　浪速に上陸（22頁）

記紀などによれば、浪速では長髄彦《ながすねひこ》らの抵抗にあい、紀伊水道を廻って熊野に上陸し「背に日神の威を負ひ」八咫烏《やたがらす》に先導されて大和へ入ることができたという。

ちなみに、賀茂建角身命《かもたけつのみのこと》の化身という三本足の八咫烏は、勝利への導き役として日本サッカー協会（JFA）のシンボルマークにも用いられている。

10　紀元元年（22頁）

古代中国から伝来した讖緯《しんい》思想（特に『易緯《えきい》』）では、辛酉《しんゆう（かのととり）》の年に変革が生じやすく、殊に干支一巡六〇年の二十一倍一二六〇年ごとの辛酉年に「大変革命」が起きると説いていた。

そこで、それを年代不明な日本の口誦伝承に適用して、推古天皇九年（六〇一）から機械的に一二六〇年逆上った年(BC六六〇)を、神武天皇(神倭磐余彦尊《いわれひこのみこと》)が初代天皇として即位された紀元元年と設定したものと考えられる。

従って、これは実年代と大幅なズレがあり、管見によれば、神武天皇の即位元年は西暦一世紀初頭前後(今から約二千年前)あたりかと想われる。ただし、旧暦の正月一日に即位されたという伝承には意味があり、それを明治五年(一八七二)新暦に直して二月十一日が「紀元節」に定められ、それを受け継いで昭和四十一年(一九六六)「建国記念の日」と決められた。拙著『年号の歴史』(雄山閣出版)・同『日本の祝祭日』(PHP研究所)参照。

11 百二十二代(22頁)

天皇の歴代数をみると、吉野朝廷の長慶《ちょうけい》天皇(後村上天皇の第一皇子)の御在位(一三六八〜一三八三)が確定され公式に『皇統譜《こうとうふ》』(皇室系図)に第九十八代として加えられたのは大正十五年=昭和元年(一九二六)である。従って、この御進講当時(大正三年)「百二十二代」と記されている大正天皇は、それ以降、一代くりさげて百二十三代、その嫡男の昭和天皇は百二十四代目となる。

12 神功皇后(22頁)

夫君の第十四代仲哀天皇と共に熊襲《くまそ》を討つため九州へ遠征し、さらに三韓(朝鮮半島)まで出兵し凱旋《がいせん》してから皇子(のちの第十五代応神天皇)を出産、その成長を待つ間長らく「摂政」であった。そこで『日本書紀』は、皇后（皇太后）を天皇のごとく本紀一巻を立て、しかも皇后を『魏志』倭人伝の「女王卑弥呼《ひみこ》」に見せかけている。しかし、即位された形迹はなく、その実在年代は卑弥呼（?〜二四七）より干支二巡（一二〇年）ほど後の四世紀後半期前後とみられる。

13　御肇国天皇（26頁）

これは第十代崇神天皇が三世紀前半ころ、大和から四方へ勢力を飛躍的に拡大されたので、特に名付けられたとみられる。

ちなみに、第一代神武天皇も一名「始馭天下之天皇《はつくにしらすすめらみこと》」と称されるが、これは一世紀初めころ九州から畿内へ東征してヤマト王権の基礎を築かれた功績にちなむ創業者の美称と考えられる。

第二回

14　孝謙天皇（31頁）

第四十五代聖武天皇と藤原光明皇后との皇女で、未婚のまま皇太子に立てられた。天平勝宝元年（七四九）第四十六代孝謙天皇となられたが、十年目に従兄の藤原仲麻呂が推す大炊王＝淳仁天皇に譲位された。その後も僧道鏡と組んで国政に介入し、仲麻呂の乱平定後の天平宝字八年（七六四）重祚《ちょうそ》して第四十八代称徳天皇となり、在位七年目（七七〇）五十三歳で崩御された。本文は後者の道鏡託宣事件だから、孝謙天皇でなく称徳天皇と記すほうがよい。

15 護王神社（33頁）

和気清麻呂の廟墓は、彼の尽力により建てられた高雄山神護寺《じんご》（京都北郊）の境内にあるが、幕末に孝明天皇より「護王大明神」の神号を賜って「護王神社」と命名された同地の鎮霊社は、明治十九年（一八八六）、現在地の京都御苑西隣に造られた現在の新社殿へ遷された。そこに大正四年（一九一五）、姉の和気広虫も主祭神に加えられている。拙著『日本歴史再考』（講談社学術文庫）所収「和気清麻呂と平安建都」参照。

16 『日本外史』（34頁）

頼山陽が文政十年（一八二七）四十八歳までに仕上げた、源平二氏から徳川氏に至る武家時代の漢文体歴史書（二十二巻）。彼は司馬遷の『史記』に倣って、『日本政記』『通議』『新策』と共に、「世家《せいか》」にあたる本書を著した。将軍になった世家＝名家を中心（他の氏はその前か後）に、各々の主要な人物を活写している。

17 嗚呼忠臣楠子之墓（35頁）

徳川光圀が元禄五年（一六九二）彰考館史官の佐々宗淳《さっさそうじゅん》介三郎《すけさぶろう》（いわゆる助さん）を湊川へ遣わし建てさせた楠木正成の顕彰碑。足利氏に敵対した正成は、室町時代に非難されるか無視されてきたが、江戸時代には「楠子」「楠公」と仰がれるほど評価が高くなった。そのさきがけがこの建碑にほかならない。

題字は明《みん》から亡命して水戸藩に仕えた朱舜水《しゅしゅんすい》（一六〇〇〜八二）の筆。神戸市の湊川神社（旧別格官幣社）境内にある。

18　**笠置の夢兆**（36頁）

元弘元年（一三三一）京都を逃れ笠置の山寺に拠られた後醍醐天皇は、「南の木」のもとに頼もしい人物がいるとの夢を見られ、河内にいた無名の「楠」正成を召し出されたという。その際、天皇から天下平定の策を尋ねられた正成は、「天下草創の功は、武略と智謀との二つにて候ふ。……合戦の習《ならい》にて候へば、一旦の勝負をば必ずしも御覧ぜらるべからず。正成一人いまだ生きてありと聞召され候はば、聖運遂に開かるべしと思召され候へ。」（『太平記』）と力強く答え、南河内の赤坂城と千早城に幕府の軍勢を引きつけ奮戦している。

19　**勤倹実践を奨励**（38頁）

学習院長の乃木希典は、明治四十一年（一九〇八）から初等科へ通われた皇孫裕仁親王に対して、たとえば「真冬でも火鉢にあたるより運動場を駆け足された方がよい」とか「着物に継《つぎ》のあたったものを着るのは、ちっとも恥じゃない」などと率直に申し上げた。戦後、昭和天皇は「乃木院長から質実剛健・質素倹約の大切さを教えてもらいました」と語っておられる。

20　**静子夫人**（38頁）

鹿児島藩医湯池氏の娘で、明治十一年（一八七九）長州出身で十歳年上の乃木希典と結婚し、勝典・保典を生んだ。日露戦争で二人の息子を失い、やがて大正元年（一九一二）明治天皇御大葬の日、五十四歳で夫と共に殉死した。

辞世「出でましてかへります日のなしと聞く　けふの御幸《みゆき》に逢ふぞかなしき」

21　養老の滝（40頁）

岐阜県西濃の養老山東麓にある日本三名瀑の一つ（高さ約30メートル・幅約4メートル）。この滝から流れ出る「美泉」が、若返りに効能がある「変若水《おちみず》」として奈良の都にまで知られ、元正女帝（三十八歳）みずから当地へ来られて（七一七年）、「美泉、以て老を養ふべし。……大《だい》瑞《ずい》（大変おめでたい兆し）に合へり」との理由で「養老」と改元されたのである（『続日本紀』）。

なお、大正天皇が皇太子時代の明治四十三年（一九一〇）に当地へ行啓されて詠まれた漢詩「養老泉」に、「飛流百尺、高岑《しん》より下る、古木蒼々として雲気深し、聞く昔、樵夫《きこり》よく老を養ふと。今に至るまで純孝、人を感ぜしむ」とある。

第三回

22　靖国神社（45頁）

幕末（ペリー来航）以来、国事に殉じた人々を祀るため全国各地にできた「招魂社」をふまえて、明治二年（一八六九）明治天皇の思召しにより東京九段の現在地に「東京招魂社」が設立され、その十年後に「靖国神社」と改称して別格官幣社に列せられた。現在二四六万六三六四柱余りの英霊が祀られており、その大部分は陸海の軍人（職業軍人と召集兵）および軍属（軍に属した文官など）であるが、学徒動員の男女学生・従軍看護婦らも含まれる。

なお、昭和天皇の当社ご親拝は、最初が明治三十九年（五歳）、大正時代に四回、昭和の二十年までに二十一回、戦後の講和独立後に七回あり、ほとんどが春四月か秋十月の例大祭前後に行われている。拙著『靖国の祈り遙かに』（神社新報社）参照。

23　『大日本史』（46頁）

水戸藩主徳川光圀の立案指導により、明暦三年（一六五七）から編纂に着手し、二五〇年後の明治三十九年（一九〇六）完成した漢文体の壮大な歴史書。神武天皇から南北朝合一の後小松天皇に至る本紀七三巻と皇族・諸臣の列伝一七〇巻は、光圀の没年（一七〇〇）までに一応成稿している（他に部門別の志一二八巻と表二八巻）。

史実の考証に基づき大義名分を正す、という光圀の信念によって、①『日本書紀』が天皇並みに扱う神功皇后を本紀でなく列伝に入れ、②大友皇子の即位を認めて本紀に加えるのみならず、③南朝の天皇を正統として各本紀を立てた（いわゆる『大日本史』の三大特筆）。

第四回

24　処刑の予知（49頁）

松陰の妹で児玉家に嫁した芳子は、回想談「家庭の人としての吉田松陰」（『婦人の友』大正二年正月号）のなかで、次のような「不思議の夢」について話している。

「兄は安政六年の十月二十七日に、小塚原の露と消えたので御座いますが……二十六日の晩、即ち斬られる前夜のこと……国では長兄（梅太郎）が病気を致し……母（瀧子）が枕辺で看護を致して居りまして、眠るともなく、うつ〳〵と致しましたところ、兄の松陰が……それはそれは壮健な様子で、さうして如何にも晴れやかな顔をして、母の前に坐つたさうで御座います。母は喜んで〃オヽ〃と申したはずみに眼が覚めますと、兄の姿はなく、夢であつたことが分かりました。……（母が）思ひ出して話をすると、父（百合之助）も同じ時刻に床に入つて居りましたが、松陰が泰然自若として、少しも取り乱した様もなく、実に見事にスパリと首を刎ねられた所を夢に見た、と申すので御座いました。

父母は勿論のこと、皆不思議なこともあるものだと、話し合つて居りましたが、その後（十一月二十日頃）いよ〳〵悲しい報《しら》せを聞いたときに、兄の日頃の孝心から、別れます時（五月）に、母が「今一度無事な顔を見せてくれよ」と申し、「必ずお見せ申します」と云ひました其の言葉を果たすために、母には、さうした達者な顔を見せ、また父には、卑怯の様もせず斯くして立派に斬られました、とその様子を見せて、両親を安心させたものであらう、と打しめつて語り合ひました。」」。拙著『松陰から妹達への遺訓』（勉誠出版）参照。

25 『四書大全』（52頁）

宋代から朱子学の必読書とされた四書（大学・中庸・論語・孟子）に対する注釈書（全三十六巻）。明の永楽年間（一四〇三〜二四）に勅令を受けた胡広《ここう》らが編纂した。ちなみに、「四庫全書」は、膨大な漢籍を「経・史・子・集」に分類した叢書であり、清の乾隆四十七年（一七八二）完成された。

26 「愛敬」の二字（52頁）

『孝経』天子章に「愛敬、親に事《つか》ふるに尽《つ》く。而して徳教、百姓に加ふ」などとみえる。また、平成十三年十二月一日に誕生された皇孫内親王は、御名を「愛子《あいこ》」称号を「敬宮《としのみや》」と命名されたが、その出典『孟子』離婁章に「孟子いはく、君子の人に異なる所以は、その心を存するを以てなり。君子は仁を以て心を存し、礼を以て心を存す。仁者は人を愛し、礼ある者は人を敬す。人を愛する者は人恒《つね》に之を愛し、人を敬する者は人恒に之を敬す。……」とみえる。この「敬」をトシと訓むのは、敬の本義がイマシム（警）・ツツシム（慎）からウヤマフに転じており、警めを受けて素直に素早く慎む心の動きが鋭敏・聡明なことをトシ（敏・聡）と考えたからであろう（拙著『あの道この径百話』モラロジー研究所参照）。

27 行宮（54頁）

後醍醐天皇は延元元年（一三三六）十二月、吉野の吉水院住僧宗信法師らに迎えられ、その吉永院（明治以降吉水神社）を行宮＝仮御所とされたが、まもなく蔵王堂の西隣の実城寺を金輪王寺と改称して移り、同四年八月この行宮で崩御された（五十二歳）。従って、次の後村上天皇も、ここに八年余り居られたが、正平三年（一三四八）正月、楠木正行らの戦死後に攻め入った高師直らにより行宮も蔵王堂も焼き払われたので、御在所を現在五條市西吉野町の賀名生《あのう》へ移された。

28 先帝の廟（塔尾陵）（55頁）

後醍醐天皇は崩御の際《きわ》に「玉骨はたとひ南山（吉野）の苔に埋《うず》もるとも、魂魄は常に北闕（北の京都宮城）の天を望まんと思ふ……と委細に綸言《りんげん》を残されて」（『太平記』）おり、その廟＝陵（如意輪堂の隣）は北向きに造られている。

第五回

29 瓦缸敗盞（65頁）

素焼の徳利《とっくり》と壊れた盃。『日本外史』豊臣氏に「藤吉（秀吉）、家貧しく、婚を成すの夕、夫妻は藁《わら》を簀《すのこ》に布《し》いて坐し、瓦缸敗盞を以て相酬《すす》む。……」と記されている。関白秀吉に対して、夫人ねね（高台院、一五四八～一六二四）は、貧しかった結婚当時の苦労と質素で謙虚な生き方を忘れないでほしい、と忠告したのである。

第六回

30「水」と「鏡」と「時計」（67頁）

『倫理御進講草案』（昭和十一年刊）により、関係部分の要点を抄出しておこう。

「水」……まず日本人は古来「非常に心身の清潔を尊び……清廉潔白を愛するの情強き」ことを「美風」として挙げ、ついで「人物の度量の広大なるを称して海の如しといふ」と共に「水は方円の器《うつわ》に随ひ、人は善悪の友による」との諺《ことわざ》を引いて「朋友の感化力」を説き、さらに八田知紀《とものり》の歌「いくそたびかきにごしてもすみかへる　水や御国のすがたなるらん」を引き、大化改新・建武中興・明治維新などをその例に挙げている。

「鏡」……「鏡を鑑として大和心を磨けよとの御教訓」を示された明治天皇の御製を引いた上で、まず「人の鏡に対するは…威儀を正し……その心をも正しからしむ」こと、また「古の歴史を繙《ひもと》きて……鏡と為す」こと、さらに「人（良師・益友・忠臣）を以て鏡と為せば……過を改め善に還るの益ある」ことなどを説いている。

「時計」……時計の来歴を述べた後、「時計は規律の根本にして、又信の証標」「時間を誤るは……非常なる不徳」と考え、「時を尊び惜みてこそ大事をも為し得べき」ことを和漢洋の具体例により判り易く説明している。

31 「水は器」の御歌（68頁）

昭憲皇后が作られ、明治二十年（一八八七）三月、「金剛石《こんごうせき》」の御歌（「金剛石もみがかずば珠《たま》のひかりはそはざらむ　人もまなびてのちにこそ　まことの徳はあらはるれ…」）と共に、華族女学校へ下賜された。――「水はうつはに従ひて　そのさまざまになりぬなり　人は交はる友により　良きに悪《あ》しきにうつるなり　おのれにまさる良き友を　択び求めてもろともに　こころの駒《こま》にむち打ちて　学びの道に進めかし」

32 穂積陳重（一八五六～一九二六）（69頁）

明治九年（一八七六）、杉浦重剛と一緒に英国へ留学した。同十五年から東大教授。明治の民法・国際法などの編纂と研究・教育に尽力。大正元年（一九一二）帝国学士院会員、同四年枢密顧問官。講演記録『祖先崇拝と日本法律』（岩波書店）などがある。

33 『論語』の「信」（69頁）

たとえば「子（孔子）四つを以て教ふ、文・行・忠・信なり」（述而篇）「子のたまはく、能く五つを天下に行ふを仁と為す……恭・寛・信・敏・恵なり……」（陽貨篇）などとある。

なお、穂積陳重博士は、東西の古典に精しく、家庭においても夕食後それを子供の重遠氏らに話されたことが『法窓夜話』（正続、岩波文庫所収）にまとめられている。

また博士の岳父（妻歌子の父）にあたる渋沢栄一翁は、「論語と算盤を標語としたほどの大の論語信者だった」ので、内孫の敬三氏や外孫の重遠氏らを集め、「洋行帰りの少壮学者だった宇野哲人先生」から『論語』全篇の講釈を受けたことがあり、翁みずから『論語講義』を著わしている。

さらに陳重と歌子の間の長男重遠氏（東大法学部名誉教授）は、昭和三十年（一九四五）八月から四年近く東宮大夫兼侍従長を務め、その間に『新訳論語』を著している（共に講談社学術文庫所収）。なお、宇野博士は学習院の初等科の皇太子殿下（今上陛下）に『論語』進講を続けている。

34 『先哲叢談』（70頁）

原念斎（一七七四〜一八二〇）が江戸時代の著名な儒学者七十二人の言行や逸話を集めたもの（八巻）。文化十三年（一八一六）刊。なお、東条琴台編の『先哲叢談後篇』（八巻）は天保元年（一八三〇）刊。

35 高輪の菩提院（泉岳寺）（72頁）

東京都港区高輪（芝車町）にある曹洞禅の寺院。慶長十七年（一六一二）徳川家康の命により江戸城桜田門外に建てられ、寛永十八年（一六四一）に現在地へ移されたという。浅野・朽木・毛利など大名家の菩提所で、その境内に赤穂義士四十七人（使者に立った寺坂吉右衛門を含む）の墓がある。

ちなみに、東宮御学問所の場所は、大石良雄ら十七人が預けられ切腹した熊本藩細川家屋敷の跡である（現在ＪＲ品川駅近くの高輪）。その縁もあってか、杉浦御用掛は「倫理」第二学年第二学期最後（大正四年十二月十三日）の御進講で「赤穂義士」をとりあげ、元禄十五年（一七〇二）十二月十四日「吉良義央（上野介）を討ちて主君の為に讐《あだ》を報じた」経緯などを詳しく説明し、最後に明治元年（一八六八）十一月五日、明治天皇が初めて江戸（東京）へ行幸された際、使者を遣わし「義士の墓」を弔《とむら》わせられた時に賜わった「汝良雄尊……百世の下、人をして感奮興起せしむ。朕深く嘉賞す。……」との御言葉を引いている。なお、四十七士全員の名前を覚えていた杉浦翁は、それを授業の時にすらすら黒板に書いたこともあるという（永積寅彦氏『昭和天皇と私』学習研究社参照）。

第七回

36　Modesty と Moderation（77頁）

前者は慎み深いこと（謙遜）として「恭」、後者は節度を保つこと（節制）として「倹」の訳語にあてられたのであろう。

37　巌垣（岩垣）月洲（81頁）

文化五年（一八〇八）京都の岡田家に生まれ、岩垣龍渓（本姓三善）の私塾遵古堂に学び、その養子となって塾を継ぎ、弘化四年（一八四七）開校の学習所（学習院）教授を務めた。杉浦重剛氏は膳所《ぜぜ》藩校を卒えてから遵古堂で月洲に学び、さらに藩貢進生として大学南校（東大）へ進んだのである。

第八回

38　赤十字社（82頁）

戦時にも平時にも傷病・災害などを救援するため設けられた国際協力組織。ナイチンゲール（英、一八二〇～一九一〇）の博愛看護活動に共鳴したスイスの銀行家デュナンの努力により一八六四年ジュネーブで条約が結ばれ、スイス国旗（白十字）の色を逆にした「赤十字章」も定められた（但し、十字はキリスト教のシンボルであるため、イスラム教圏では「赤半月章」を使う）。拙著『国旗・国歌の常識』（東京堂出版）参照。

わが国では、西南の役で双方に死傷者のでた明治十年（一八七七）、「博愛社」が設立され（そのさい明治天皇から一千円御下賜）、ついで同十九年、ジュネーブ条約に加盟した。日清・日露両戦争では彼我の傷病兵救護に実績をあげ、関東大震災では被災者らの救護にあたり（戦災以外の奉仕活動）、国際的に高く評価された。

皇室では、昭憲皇后以来、女子皇族たちがこの赤十字事業に格別熱心に取り組まれてきた。現在も皇后陛下が名誉総裁、他の女性皇族が副総裁を務めておられる。

39 済生会（85頁）

明治天皇の恩賜金により医療のため設けられた特別な公益財団。天皇は晩年の明治四十四年（一九一一）二月十一日「無告《むこく》の窮民にして医薬給せず天寿を終へること能はざるは、朕が最も軫念して惜かざる所なり。乃ち施薬救療、以て済生（生命を救済すること）の道を弘めんとす。……」との勅と共に、お手もとの御内帑《ごないど》金百五十万円を下賜された。そこで、政府（桂内閣）は、この恩賜金を基に広く寄付を募り、早くも五月に「恩賜財団済生会」（総裁伏見宮貞愛《さだなる》親王）が発足し、全国に病院が建設されたのである。

40 藍綬褒章（85頁）

明治十四年（一八八一）「褒章条例」により定められた、国家的な功労者を表彰する制度の一つ。当初は人命救助の紅綬褒章、発明公益の藍綬褒章、善行の緑綬褒章、の三種であった。それに大正七年（一九一八）、公共団体などに対する私財寄付の紺綬褒章、さらに昭和三十年（一九五五）、業務精励の黄綬褒章、学術芸能の功労に対する紫綬褒章が加わり、現在六種類ある。このうち、藍綬・黄綬・紫綬の三章は、毎年春秋、定期的（他は不定期）に授与される。

第九回

41　**五条御誓文（94頁）**

明治元年（一八六八）三月十四日、京都御所の紫宸殿に天神地祇を祀り誓われた国是五条。その第五条に「智識ヲ世界ニ求メ大ニ皇基ヲ振起スベシ」とある。拙著『「五箇条の御誓文」関係資料集成』（原書房、明治百年史叢書所収）参照。

ちなみに、昭和天皇は敗戦に伴う被占領下でGHQの強い要請により「神格否定」を昭和二十一年の元旦に宣言せしめられたが、その詔書の冒頭には、天皇ご自身の御意向により「五箇条の御誓文」全文を掲げ、「叡旨公明正大、又何をか加へん。……すべからくこの御趣旨に則り……新日本を建設すべし。……」と明言されている。拙著『皇室の伝統と日本文化』（モラロジー研究所）参照。

42　**沼津（御用邸）（99頁）**

明治二十六年（一八九三）から静岡県沼津市に設けられた皇室の別荘。その後、東と西に付属邸を加えて、建坪二千三百四十余坪となった。東宮御学問所の教育は、毎年暮から翌年三月までの第三学期、この西付属邸を宿所、東付属邸を教室として行われた。

昭和四十四年（一九六九）御用邸を廃して沼津市に移管され、現在「沼津御用邸記念公園」として一般に公開されている。

43　『寛平御遺誡』（99頁）

第五十九代宇多天皇（八六七～九三一）が、寛平九年（八九七）七月三日、譲位に際して皇太子敦仁《あつぎみ》親王＝第六十代醍醐新帝に与えられた教訓書。完本は現存しないが、『群書類従』所収の残欠文および諸書引用の逸文により主要部分を復原しうる。その一条が③である。

文中の『群書治要』は、唐の貞観五年（六三一）太宗の勅命により魏徴らが群書の中から治政に必要な名文を抄出編集した五十巻の書である。平安初期の仁明天皇以来、帝王学の教科書として尊重されてきたものを「早く誦習（暗唱）すべし」と教示されたのである。拙著『平安朝儀式書成立史の研究』（国書刊行会）所収「寛平御遺誡の復原試案」参照。

第十回

44　皇室典範及び帝国憲法（107頁）

明治天皇の御意向を体して伊藤博文・井上毅らの尽力により制定された、皇室の家憲である「皇室典範」と、帝国の国憲である「大日本帝国憲法」は、一般法令を越える根本の二大法典。

その全容は、東宮御学問所で最終学年（大正九年度）に「法制」を進講した清水澄《とおる》博士が、翌年ヨーロッパ歴訪から帰国して摂政宮となられた皇太子裕仁親王に対し、毎週二回ほど数年かけて進講された。拙稿「清水澄博士と御進講教科書」（原書房刊『法制・帝国憲法』解説）参照。

第十一回

45 徳ヲ一ニセン（116頁）

『倫理御進講草案』第五学年（大正七年度）第一学期の第五に「咸有一徳」の項があり、出典の『尚書』を引き、「徳を常にするものは能く天意に適《かな》ひて其の位を保つ……宜しく純一の徳を守りて終始を一貫すべき」ことを説き、さらに中国と日本の事例をいくつか挙げた上で「常に己れに克《か》ちて礼に復《かえ》ることを勉めて怠らざれば、則ち其の徳を一にすることを得べきなり。」と結んでいる（解説の五参照）。

なお、この末尾「朕…庶幾《こいねが》フ」は、全体の結び文として特に重要な意味をもち、「其徳」は前の「斯ノ道」を「拳々服膺《けんけんふくよう》」することによりもたらされる徳義（恩恵）をさすとみられる（八木公生《やつききみお》氏『天皇と日本の近代・下「教育勅語」の思想』〈平成十三年、講談社現代新書〉参照）。井上哲次郎博士著『勅語衍義《えんぎ》』（明治二十四年九月刊、文部省検定済の師範学校・中学校用解説書）には、「今上《きんじょう》天皇陛下、今自《みずか》ら皇祖皇宗の遺訓に本《もと》づき、億兆臣民に率先し、その徳を修め、以て理想に達せんことを要望せらるゝことなれば、叡慮の存する所、誠に大孝を述べるの模範たり。然れば凡《およ》そ我が邦《くに》の臣民たるもの、安《いずく》んぞ孜々《しし》努力して、陛下の叡慮に副《そ》ふ所なかるべけんや。」とある。

参考　「教育勅語」の英語訳（明治40年、文部省）

Know ye, Our subjects:
①Our Imperial Ancestors have founded Our Empire on a basis broad and everlasting and have deeply and firmly implanted virtue;
②Our subjects ever united in loyalty and filial piety have from generation to generation illustrated the beauty thereof. This is the glory of the fundamental character of Our Empire, and herein also lies the source of Our education.
③Ye, Our subjects, be filial to your parents, affectionate to your brothers and sisters; as husbands and wives be harmonious, as friends true; bear yourselves in modesty and moderation; extend your benevolence to all; pursue learning and cultivate arts, and thereby develop intellectual faculties and perfect moral powers; furthermore advance public good and promote common interests; always respect the Constitution and observe the laws; should emergency arise, offer yourselves courageously to the State; and thus guard and maintain the prosperity of Our Imperial Throne coeval with heaven and earth.
④So shall ye not only be Our good and faithful subjects, but render illustrious the best traditions of your forefathers.
⑤The Way here set forth is indeed the teaching bequeathed by Our Imperial Ancestors, to be observed alike by Their Descendants and the subjects, infallibele for all ages and true in all places.
⑥It is Our wish to lay it to heart in all reverence, in common with you, Our subjects, that we may all thus attain to the same virtue.

The 30th day of the 10th monthof the 23rd year of Meiji (1890)

(Imperial Sign Manual. Imperial Seal)

〔解説〕杉浦重剛と「教育勅語」の御進講

所　功

一　昭和天皇の御仁徳

昭和六十四年（一九八九）正月七日朝、八十八年近い天寿を全うされた昭和天皇に関しては、すでに沢山の評伝が著されている。その主なものに目を通してみると、ほとんど誰もが、先帝の誠実な御人柄と真摯《しんし》な御生涯に敬意を払っており、さらに「類《たぐ》い稀《まれ》な二十世紀の名君」（阿川弘之氏）と高く評価する声さえ少くない。それは日本国内の皇室に好意的な人々だけでなく、むしろ旧敵対国の責任者たちすら賞賛していることを確認しておこう。

たとえば、すでに広く知られている例であるが、昭和二十年（一九四五）九月、天皇は初めてGHQ（連合国軍最高司令官総司令部）を訪ねられた。D・マッカーサー元帥の『回想記』（津島一夫氏訳・朝日新聞社刊）、および十年後ニューヨークで元帥に会って聴いた重光葵《しげみつまもる》外務大臣の記録（「読売新聞」昭和30年9月14日朝刊）などによれば、その際、「命乞いに来たのだとばかり思って、服も改めず出迎えもしなかった」元帥に向い、「私は（日本）国民が戦争遂行《すいこう》にあたって政治・軍事の両面で行なったすべての決定と行動に対する全責任を負《お》う者として、私自身をあなたの代表する（連合軍）諸国の裁決に委《ゆだ》ねるためお訪ねした」と仰せられた。

それを聞いた元帥は、「死を伴うほどの責任、それも……明らかに天皇（立憲君主）に帰すべきではない責任を引き受けようとする、この勇気に満ちた（天皇の）態度が、私の骨のズイまでも揺り動かした。私はその瞬間、私の前にいる天皇が、個人の資格においても日本の最上の紳士であることを感じとった」と記し、また「この日本の元首に対する占領軍の司令官としての私の尊敬の念は、その後ますます高まるばかりでした」と重光外相に語っている。

もう一つの例をあげれば、昭和天皇はGHQの要請に従って、終戦の翌年元旦、神格否定の〝人間宣言〟（正式には「新日本の建設に関する詔書」）を出された。その冒頭に「五箇条の御誓文」全文を掲げ、これに則って「新日本を建設すべし」と仰せられたのである。

また、戦勝国による極東国際軍事裁判（東京裁判）の最中にも拘らず、戦災に打ち拉《ひし》がれる国民を励ますため、自ら進んで全国各地を巡幸しておられる。その当時、この天皇を何とか軍事法廷に引き摺《ず》り出そうとしたW・ウェッヴ裁判長は、後年（一九六九）児島襄氏から「天皇についてどう思いますか」と訪ねられた際、「神だ。あれだけの試練を受けても帝位を維持しているのは、神でなければできない」と答えている（『天皇と戦争責任』文藝春秋刊）。

確かに近代史を振り返ると、かつて王制の君主国は世界に数多く存在したが、戦争の敗北や内乱・革命のたびに、国王が国外に亡命するとか、退位を迫られたり処刑されたりして、今や三十に満たない。しかしながら、わが国では戦前も戦後も、天皇と国民の大多数が「信頼と敬愛」によって結ばれ、被占領下に急いで作られた現行憲法にさえ、「天皇は、日本国の象徴であり、日本国民統合の象徴であって、この地位（世襲の皇位）は、主権の存する日本国民の総意に基く」と定められている。

こうして世襲の天皇をシンボルと仰ぐ〝立憲君主国〟日本の再生が可能になった理由は、いろいろ考えられる。しかし、その最大の要因は、前述のマッカーサー元帥やウェッヴ裁判長をも感服せしめられたような、昭和天皇の誠実この上ない御仁徳そのものであったとみられる。

二　御幼少時からの特訓

それでは、このような昭和天皇の御仁徳は、どのようにして形成されたのだろうか。もちろん、二千年近い皇統に代々受け継がれてきた格別な資質を備えておられたにちがいないが、それを引き出し高めたのは、御幼少時からの特別な訓育（いわゆる帝王学《ていおうがく》）によるところが大きい。

すなわち、明治三十四年（一九〇一）四月二十九日、大正天皇の第一皇子として誕生された迪《みちの》宮裕仁《みやひろひと》親王は、まず生後七十日目から三年余り、川村純義伯爵（一九三六〜一九〇四）の家に預けられた。そこで川村は、「健康な御体に育て天性を曲げぬこと、ものに恐れず人を尊ぶ性格を養ふこと、困難に耐へ我侭《わがまま》を言はぬ習慣をつけること」などを養育方針として、厳しい躾《しつけ》に努めている。

ついで同三十八年四月からは、赤坂の皇孫御殿で弟宮（一歳下）の雍仁《やすひと》親王（後の秩父宮《ちちぶのみや》）と共に育てられ、同四十一年四月、学習院の初等科へ進まれた。その秋の運動会で五〇メートル競争に出られた裕仁親王は、ゴール近くまで走ってから、一番遅い友人の所へ駆け戻られ、手を引いて一緒にゴールインされたので、その純真な思いやりに、観客は思わず拍手喝采したという。

当時の学習院長は明治天皇の信任篤い乃木希典《のぎまれすけ》大将（一八四九〜一九一二）である。その教育方針は、皇孫といえども良くない行状があれば遠慮なく矯正《きょうせい》し、なるべく質素で勤勉な習慣をつけることにあった。そこで、たとえば通学の際は「雨の日も外套を着て（馬車でなく）歩いて通われるように」とか、また真冬でも「火鉢にあたるより運動場を駆け足されたら暖かくなる」などと、直接ご注意申しあげたという。後年（昭和四十六年）、天皇もみずから「乃木院長から…ぜいたくはいけない、質実剛健というか質素にしなければならないことを教えられました」と語っておられる。

この乃木院長は、殿下が学習院の初等科（六年間）を終えられたならば、当時の中学（五年間）・高校（三年間）に相当する中高一貫（七年間）特別教育の御学問所を新設する必要があると考え、早くより準備を進めていた。そのおかげで、乃木自身は大正元年（一九一二）九月、夫人と共に殉死《じゅんし》をとげたが、彼の構想に基づいて、東郷平八郎元帥を総裁（校長）とする「東宮《とうぐう》御学《おがく》問所《もんじょ》」が同三年（一九一四）四月から発足したのである。

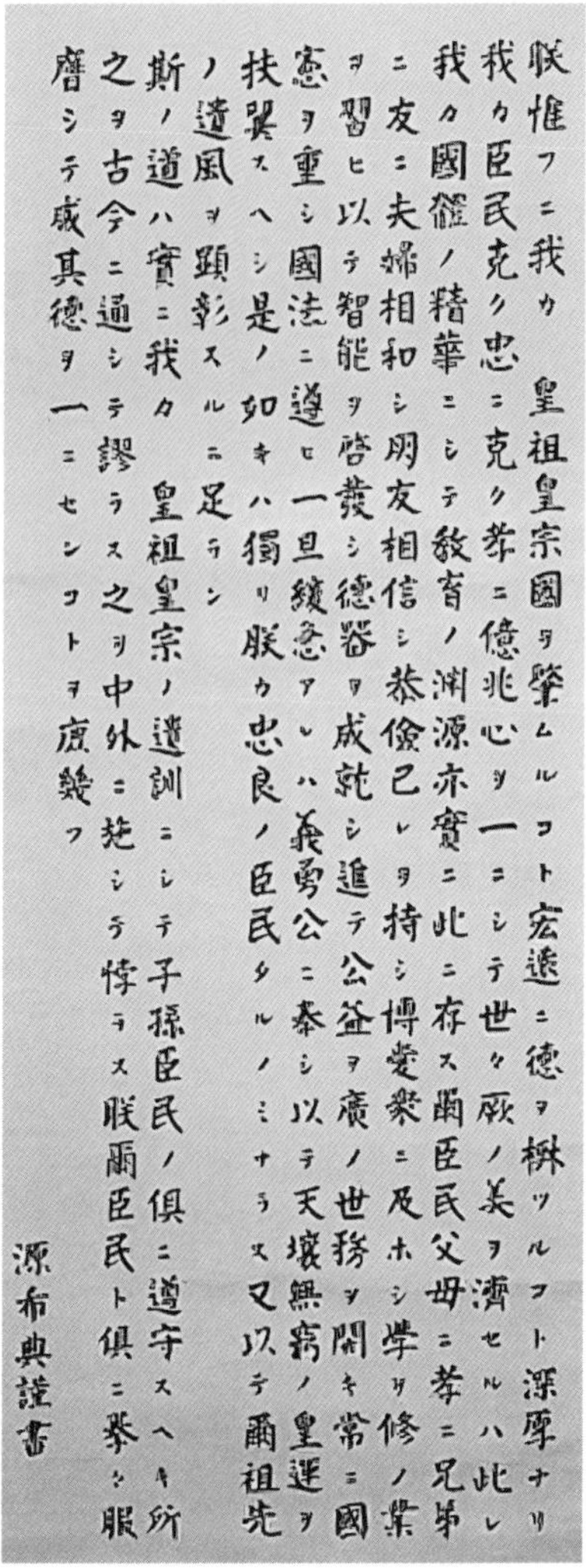
朕惟フニ我カ皇祖皇宗國ヲ肇ムルコト宏遠ニ德ヲ樹ツルコト深厚ナリ
我カ臣民克ク忠ニ克ク孝ニ億兆心ヲ一ニシテ世々厥ノ美ヲ濟セルハ此レ
我カ國體ノ精華ニシテ敎育ノ淵源亦實ニ此ニ存ス爾臣民父母ニ孝ニ兄弟
ニ友ニ夫婦相和シ朋友相信シ恭儉己レヲ持シ博愛衆ニ及ホシ學ヲ修メ業
ヲ習ヒ以テ智能ヲ啓發シ德器ヲ成就シ進テ公益ヲ廣メ世務ヲ開キ常ニ國
憲ヲ重シ國法ニ遵ヒ一旦緩急アレハ義勇公ニ奉シ以テ天壤無窮ノ皇運ヲ
扶翼スヘシ是ノ如キハ獨リ朕カ忠良ノ臣民タルノミナラス又以テ爾祖先
ノ遺風ヲ顯彰スルニ足ラン
斯ノ道ハ實ニ我カ皇祖皇宗ノ遺訓ニシテ子孫臣民ノ倶ニ遵守スヘキ所
之ヲ古今ニ通シテ謬ラス之ヲ中外ニ施シテ悖ラス朕爾臣民ト倶ニ拳々服
膺シテ咸其德ヲ一ニセンコトヲ庶幾フ
源希典謹書

源（乃木）希典謹写の「教育勅語」

御学問所は、高輪《たかなわ》の東宮御所の一角（現在のプリンスホテルあたり）に設けられ、ここで皇太子裕仁親王が満十三歳から満十九歳までの七年間、五名の御学友と共に特別教育を受けられた。その各教科を担当したのは、教務主任の白鳥庫吉《しらとりくらきち》博士を筆頭に、ほとんど東京帝大か学習院の教授である（別稿『昭和天皇の教科書 日本歴史』解説参照）。

そして〝帝王学〟の中核をなす「倫理」も、初め山川健次郎東大総長と狩野亨吉《かのうこうきち》京大文科大学長とに打診されたが、二人とも到底その大任を果たし得ないと固辞した。そのため、浜尾《はまお》新《あらた》東宮大夫（前東大総長）の奔走により、民間から抜擢されることになったのが杉浦重剛《すぎうらしげたけ》氏（以下敬称略）である。

三　学問所御用掛《ごようがかり》の杉浦重剛

杉浦氏は、安政二年（一八五五）三月三日、近江国膳所《ぜぜ》藩（現在滋賀県大津市内）で藩儒重文《しげふみ》の次男に生まれた。藩校「遵義堂《じゅんぎどう》」で習字・漢籍素読・礼儀作法・武芸などを学ぶと共に、私塾で儒学と洋学（蘭学・英語・数学・理化学など）を修めた。

ついで明治三年（一八七〇）膳所藩から貢進生に選ばれ、東京大学南校で理学を専攻した。さらに同九年（二十二歳）からイギリスへ留学中も、化学や物理・数学の研究に没頭し抜群の成績

東宮御学問所の修了時の御用掛
大正10年（1921）2月、高輪の御学問所前で記念撮影。前列左から2人目が杉浦重剛（1855〜1924）。右から2人目が白鳥庫吉（1865〜1942）。その左が清水澄（1868〜1947）。中央が総裁の東郷平八郎（1848〜1934）。写真は皇太子御学友永積寅彦氏（1902〜1993）旧蔵。

をおさめたが、勉強しすぎて病気に罹《かか》り、同十三年帰国している。

その後の杉浦は、科学者でなく教育者の道を歩む。まず明治十五年、満二十七歳の若さで東京大学予備門長となった。その在任中、同志と私立の東京英語学校を創立するのみならず、自宅を「称好塾《しょうこうじゅく》」として有志学生と起居を共にしながら訓育に努め、同二十年には、ブラウィング著『教育原論沿革史』などの翻訳と自著『日本教育原論』を出版している。

ついで翌二十一年（三十三歳）、三宅雪嶺《みやけせつれい》らと雑誌『日本人』（のち『日本及日本人』）を創刊して、日本古来の美風を守るため〝日本主義〟（国粋保存主義）を主張した。さらに同二十五年から東京英語学校を「日本中学校」（現在の日本学園高校）と改称し、その校長を没年まで務めている。

このように若くして和漢洋の学を修めた杉浦の唱える〝日本主義〟は、単なる精神論でも観念論でもない。たとえば、明治二十五年（三十七歳）に著わし自ら日本中学校で講じたテキスト『倫理書』（敬業社刊、全集第四巻所収）をみると、人間は「進歩的の動物、社会的の動物」であって、「万物の霊長と自任」しうるのは「立身・斉家・処世・報国・博愛」の倫理を体得し実践するからだ、と説いている。

また、彼は英国留学中に考えついた「人間の処世の大道も、物理上の大原則（エネルギー保存の原理）に支配されぬことはない」との確信に基づき、「播《ま》かぬ種は生えぬ」「陰徳あれば陽報あり」などの諺を引きながら、「最大の幸福は、己を利し併せて他を利するに努める時に得られる」とか、「偉い人が後の世にも崇《あが》められるのは、この世で精力（人徳）を余計に貯えたからだ」などと、判り易く論じている。

こうした杉浦の倫理教育は、家塾でも学校でも若い塾生・学生らに大きな感化を与えており、各界に有為の人材を送り出した。それに伴い名物校長として世間の評価も高くなり、ついに大正三年（一九一四）数え六十歳の杉浦は、山川東大総長の強い勧めに従って「東宮御学問所御用掛」

に任命されたのである。

それ以降、この大任を完遂するため、杉浦は全力を捧げ尽くした。まず御進講の草案は、日本中学校の歴史担当教諭（のち校長）猪狩《いかり》又蔵をはじめ、成田高女教頭の中村安之助（西洋倫理専攻）や東大大学院生の土田誠一（英文・哲学専攻）など数人のブレーンに協力をえて、古今東西にわたる教材を幅広く集め、それを十歳代なかばの皇太子に御理解頂きやすいよう、さまざまの角度から何度も吟味し、毎回テーマを設け興味深い内容構成に工夫をこらしている。

また御進講日には、午前三時に起床し、斎戒沐浴して端坐瞑想の後、静かに朝食をとり、六時前に人力車で御学問所へ向かい、七時には控室へ入って心を落ちつけ、殿下の御登校を迎えて八時丁度から授業を始める、というスケジュールを七年間守り通した。

東宮御学問所御用掛杉浦重剛
（『倫理御進講草案』より）

しかも、丸一時間の授業は、テキスト『倫理御進講要録』をほとんど見ないで、臨機応変に講話を進めた（時には詩吟・謡曲なども交えた）。そんな型破りの授業は、六人の生徒だけでなく、後の席で陪聴する東郷総裁や小笠原長生幹事らも、毎回とても楽しみだったという。

その後、大正七年（一九一八）皇太子妃に久邇宮《くにのみや》良子《ながこ》女王《にょおう》が内定すると、久邇宮邸内に設けられた御学問所でも、杉浦が「倫理」を御進講することになった。それは同十二年の御成婚直前まで五年間続けられている。しかし、もはや精も根も尽き果てたのか、御婚儀を見届けて半月後（翌十三年二月十三日）、六十九年近い生涯を閉じたのである。

四　「倫理」御進講の大要

さて、東宮御学問所における「倫理」の御進講は、幸い杉浦の片腕となって尽力した猪狩又蔵（号、史山）編の大著『倫理御進講草案』（B５判一二〇〇頁）が昭和十一年（一九三六）に出版されており（全集第四巻所収）、その大半を窺うことができる。

ただ、御進講は、第一学年（大正三年度）から第四学年まで週二回とされ、第一課（帝王倫理）と第二課（一般倫理）とに分けて行われた。第五学年（大正七年度）から第七学年までは週一回、第一課と第二課を合せて行われたので、通計二百八十回以上に及ぶ。その草案が残っているのは、ⓐ第一課に係る百五十三回分と、ⓐ′初年度後半（大正三年十月～翌四年三月）に第二課として行われた、本書所収の「教育勅語」十一回分である。

しかし、ⓑ学習院の教科書に準拠しながら行われた第二課のうち、第二学年より第四学年までの一般倫理も、またⓒ草案が一部しか残っていない第五学年以降の御進講も、その項目名だけが同書の後記に付戴されている。よって、それらを草案の伝わる項目（ⓐⓐ'）と組み合せ、学年・学期ごとに列挙すれば、左の通りである。

第一学年（大正三年度、皇太子満十三歳）

前期……ⓐ　1三種の神器　2日章旗　3国　4兵　5神社　6米　7刀　8時計　9水　10富士山　11相撲　12鏡

後期……ⓐ　13成年　14御諡《おくりな》　15好学　16納諫　17威重　18大量　19敬神　20明智　21崇倹　22尚武　／ⓐ'教育勅語（十一回）

第二学年（大正四年度、皇太子満十四歳）

一学期……ⓐ　23桜花　24仁愛　25公平　26正直　27改過　28操守　29犠牲　30正義　31高趣　32清廉／

ⓑ飲食　衣服及住宅　運動　言語　容儀及動作　勤勉　忍耐

『倫理御進講草案』初版分冊本
杉浦重剛著、猪狩又蔵編、昭和11年（1926）同刊行会出版（四六倍判、1200頁）。その抄録本も刊行（四六判、274頁）され、それに久邇宮良子女王（香淳皇后）への御進講録などを加えた『昭和天皇の学ばれた「倫理」』を、平成28年（2016）勉誠出版より刊行。

二学期……ⓐ　33御即位と大嘗祭　34明月　35賞罰　36蒔《ま》かぬ種子《たね》は生《は》えぬ　37上杉謙信　38百
聞不《ハ》レ如《カ》二一見《ニ》一　39紅葉　40任賢　41決断　42赤穂義士　／
ⓑ　謝恩　勇気　責任　自重　克己　進取と退守　廉恥《れんち》　誠実　親切　協同
三学期……ⓐ　43新年　44取《リ》レ長《ヲ》補《フ》レ短《ヲ》　45梅花　46雪　47謹慎　48論語読みの論語知らず　49
恤民《じゅつみん》　50徳川光圀　／
ⓑ　軍人勅諭（五回）　楠氏の論文　正気歌（藤田東湖）

第三学年（大正五年度、皇太子満十五歳）

一学期……ⓐ　51春　52思《ヒテ》而学《ビ》学《ビテ》而思《フ》　53遠《キヲ》慮《リ》近《キヲ》憂《フ》　54源為朝　55転《ジテ》レ禍《ヲ》為《ス》レ福《ト》　56大道
遠《クシテ》而難《シ》レ遵《ヒ》　57上和《ゲバ》下睦《グ》　58化行《ルレバ》則善者勧《ム》　59山水　60綸言《りんげん》汗の如し　61用《ヒ》二意《ヲ》平均《ニ》一莫《レ》
レ由《ル》二好悪《ニ》一　62夏　63北海沿線行啓に際して　／
ⓑ　戊辰《ぼしん》詔書（四回）　家　祖先崇拝　孝道　秩序　品格
二学期……ⓐ　64夏《か》ノ禹《う》王　65高《クシテ》而不レ危《フカラ》　満《チテ》而不レ溢《レ》　66秋　67倉廩《そうりん》実《みのレバ》則知《チル》二礼節《ヲ》一　68安
危在《リ》レ己《ニ》　69菊　70中大兄皇子　71可《シ》レ明《カニス》二賞罰《ヲ》一莫《レ》レ迷《フ》二愛憎《ニ》一　72好《メバ》レ問《ヲ》則裕《チゆたかナリ》　73博《ニシテ》而寡《すくなシ》
レ要　74ワシントン　／
ⓑ　我国道徳の特質　我が国体　臣民　愛国　名誉　実力　過《タルハ》猶不レ及《バ》　武士道　七規七則

（吉田松陰）

三学期……ⓐ　75松竹　76履《メバ》レ霜《ヲ》堅冰至《ル》　77君君《タラバ》　臣臣《タリ》　78孔子　79上《かみ》則《チ》答《ヘ》二乾霊《あまつかみ》授《クル》レ国《ヲ》之徳《ニ》一、下《しも》則《チ》弘《ム》二皇孫《すめみま》《ノ》養《フ》レ正《ヲ》之心《ヲ》一　80田猟《でんりょう》　81臨《ムニ》レ下《ニ》以《テシ》レ簡《ヲ》御《スルニ》レ衆《ヲ》以《テス》レ寛《ヲ》　82桃　83動《カバ》則《チ》思《フ》レ礼《ヲ》　84蚕　／

ⓑ　合同の精神　自治　常識　公徳　感化　殺《シテ》レ身《ヲ》成《ス》レ仁《ヲ》　風俗　国民性　義務　良心

第四学年（大正六年度、皇太子満十六歳）

一学期……ⓐ　85五条御誓文　86科学者　87茶　88徳日新《ニタナレバ》　万邦惟《レ》懐《なつくナリ》　89先憂後楽　90瀑布　91日月無《シ》二私照《ヲス》一　92那翁《ナポレオン》　／

ⓑ　快活　惟相近也　習相遠也　温故知新　制裁　徳不レ孤《ナラ》　必有《ズリ》レ隣　与論　己《ノ》所レ不《ル》レ欲《セ》勿《レ》レ施《スコト》二於人《ニ》一　交際　訥言《とつげん》敏行　修養

二学期……ⓐ　93先《ニシ》二神事《ヲ》一後《ニス》二他事《ヲ》一　94徳川家光　95政《ハ》在《リ》レ養《フニ》レ民《ヲ》　96詩歌　97コロンブス　98惟《これ》徳《ハ》動《カス》レ天《ヲ》　99韓退之の「雑説」　100赦《おごりハ》不レ可《カラ》レ長《ズ》、欲《ハ》不レ可《カラ》レ従《フ》　101絵画　102保建大記　103マルサス人口論　104イソップ物語　／

ⓑ　国交　日本外史の源氏論　不レ忍《バ》二人之心《ヲ》一　吉田松陰の詩　日本外史の楠氏論　向上　日本外史の後北条論　士為《ハニ》二知《ル》レ己《ヲ》者《ノ》一死《ス》　有《レバ》レ始《メ》有《リ》レ終《リ》　無欲速《カニ》　無《レ》レ見《ル》二小利《ヲ》一　歳寒《クシテ》　然《ル》後《ニ》知《ル》二松柏之後凋《ヲ》一也　日本外史の毛利氏論

三学期……ⓐ　105酒　106文明　107居テレ上ニ克明ナリ　108ペートル大帝　109音楽　110大義名分　／

ⓑ　和気清麻呂　切瑳琢磨　吹キレ毛ヲ求ムレ疵ヲ　藤原百川論　義理と人情　徳本財末　神武論　仁徳論

第五学年（大正七年度、皇太子満十七歳）

一学期……ⓐ　111釈迦　112和魂漢才　113人ハ万物之霊　114黄金時代　115咸《みな》有《たもツ》二一徳ヲ一　116鉄　／

ⓒ　陰徳陽報　君子慎ム二其ノ独ヲ一　満招キレ損ヲ謙受クレ益ヲ

二学期……ⓐ　117修理固成　118他山之石　119修メテ二其天爵ヲ一而人爵従フレ之ニ　120磁石　121管仲　122基督《キリスト》　／

ⓒ　ソクラテス　至誠ニシテ而不ルレ動カ者未ダ二之有ラ一也　学ビテ而時ニ習フレ之ヲ　四海之内皆兄弟也　絜矩《けっく》之道

三学期……ⓐ　123関雎《かんしょ》　124民惟《これ》邦ノ本　125人種　／

ⓒ　神農ヒポクラテスの詩　任重クシテ而道遠シ　中朝事実　天作《なせル》孼《わざわい》可レ違《さく》　貞観政要　宝箴

浩然之気

第六学年（大正八年度、皇太子満十八歳）

一学期……ⓐ　126大宝令　127風声鶴唳《かくれい》　128無《なかレ》レ恃ム二其ノ不ルヲレ来ラ　129貞永式目　／

ⓒ　十三経に関する説明　プラトー・アリストートル　有ル二文事一者必ズ有リ二武備一

二学期……ⓐ　130光華明彩　131常山之蛇　132六諭衍義　133鳶《とび》飛テ戻リレ天ニ魚躍ル二于淵ニ一　134ポンソンビィ

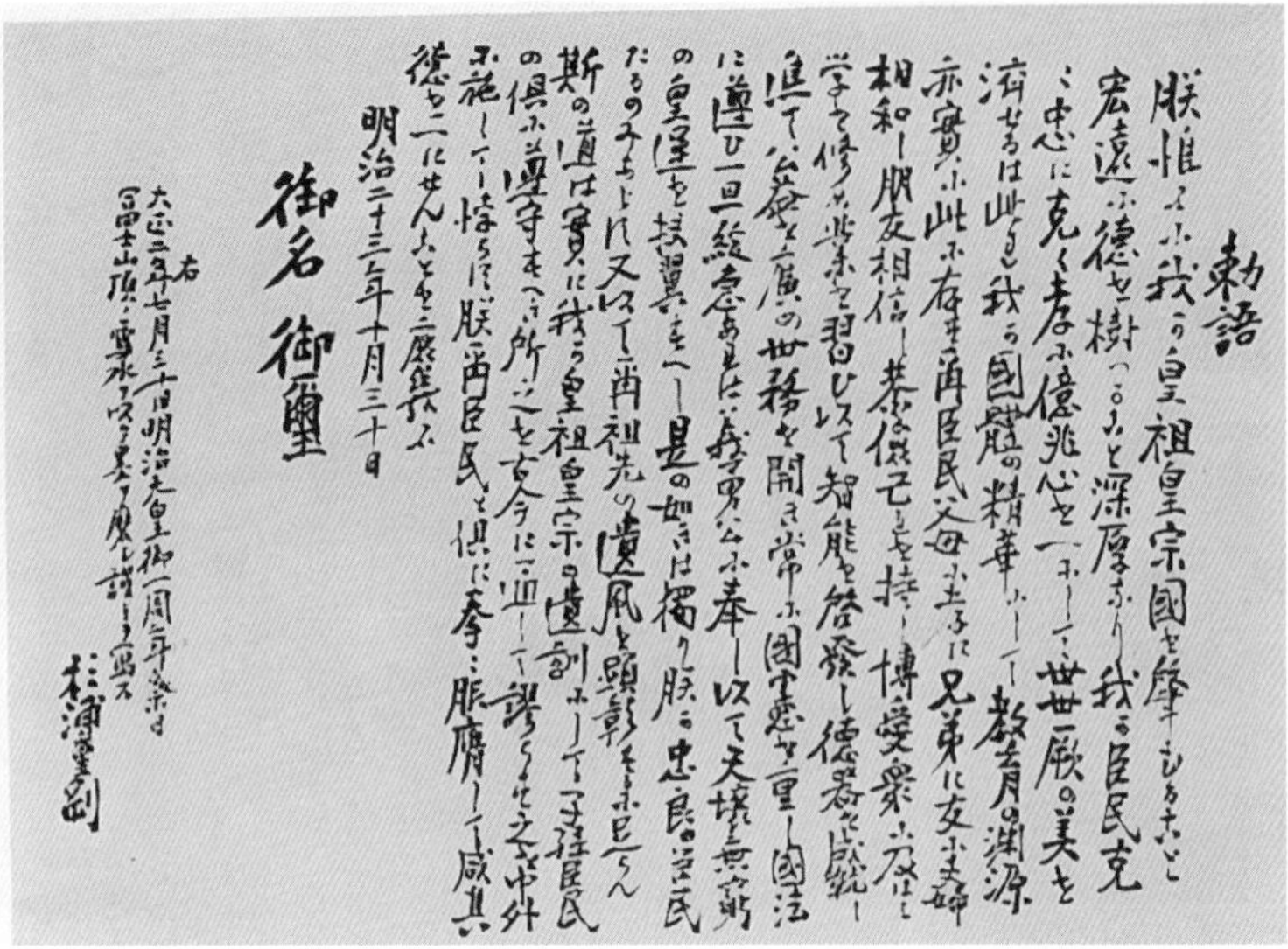

勅語
朕惟フニ我カ皇祖皇宗國ヲ肇ムルコト
宏遠ニ德ヲ樹ツルコト深厚ナリ我カ臣民克
ク忠ニ克ク孝ニ億兆心ヲ一ニシテ世々厥ノ美ヲ
濟セルハ此レ我カ國體ノ精華ニシテ教育ノ淵源
亦實ニ此ニ存ス爾臣民父母ニ孝ニ兄弟ニ友ニ夫婦
相和シ朋友相信シ恭儉己レヲ持シ博愛衆ニ及ホシ
學ヲ修メ業ヲ習ヒ以テ智能ヲ啓發シ德器ヲ成就シ
進テ公益ヲ廣メ世務ヲ開キ常ニ國憲ヲ重シ國法
ニ遵ヒ一旦緩急アレハ義勇公ニ奉シ以テ天壤無窮
ノ皇運ヲ扶翼スヘシ是ノ如キハ獨リ朕カ忠良ノ臣民
タルノミナラス又以テ爾祖先ノ遺風ヲ顯彰スルニ足ラン
斯ノ道ハ實ニ我カ皇祖皇宗ノ遺訓ニシテ子孫臣民
ノ倶ニ遵守スヘキ所之ヲ古今ニ通シテ謬ラス之ヲ中外
ニ施シテ悖ラス朕爾臣民ト倶ニ拳々服膺シテ咸其
德ヲ一ニセンコトヲ庶幾フ
明治二十三年十月三十日
御名 御璽
右
大正二年七月三十日明治天皇御一周年祭日
富士山頂ノ雪水ヲ以テ墨ヲ磨シ謹ミテ寫ス
杉浦重剛

杉浦重剛（日本中学校長）書写の教育勅語。左端に「大正二年（1913）七月三十日、明治天皇御一周年祭日、富士山頂の雪水を以て墨を磨し謹みて写す。／杉浦重剛」と記す。

以上のごとく、御進講のテーマは倫理万般にわたり、またその教材は古今東西の典籍から採っている。しかも、杉浦の主眼目は皇太子裕仁親王の御仁徳・御見識を育成することにあった。

そこで、大正三年（一九一四）五月執筆の「倫理御進講の趣旨」には、基本方針として、次の三点をあげ、各々に簡潔な説明を加えている。

一、三種の神器に則り皇道を体し給ふべきこと。

一、五条の御誓文を以て将来の標準と為し給ふべきこと。

一、教育勅語の御趣旨の貫徹を期し給ふべきこと。

すなわち、まず①「三種の神器」は「知・仁・勇の三徳」を表わし、その教訓は「国を統べ民を治むるに一日も怠るべからざる……真に万世不易の大道」であるから、「皇儲《こうちょ》（皇太子）殿下は先づ能《よ》く（神器に示される）皇祖の御遺訓に従ひ皇道を体し給ふべきもの」という。

ついで②「五条の御誓文」は、明治天皇が御一新の「大方針を立てて、天地神明に誓はせられたるもの」であり、これによって「我国旧時の面目を一新した」のであるから、「将来殿下が国政を統《す》べさせ給はんには……之を標準として立させ給ふべき」とする。

さらに③「教育勅語」は、明治天皇が「我が国民に道徳の大本を示されたるもの」であると同時に、「至尊《しそん》（天皇）も亦《また》之を実行し給ふべきことを明言せられたるもの」だから、「皇儲《こうちょ》（皇位継承者）殿下……御自らも之を体して実践せらるべきもの」と、率先垂範の必要性を述べている。

五　道徳を実践する規範

このうち「教育勅語」は、裕仁親王もすでに学習院の初等科で暗誦されたはずである。ただし、明治四十三年（一九一〇）、第三学年の「御心意状態」報告書（『原敬関係文書』別巻所収、NHK出版協会刊『昭和天皇のご幼少時代』収録）によれば、丸尾錦作《まるおきんさく》御用掛長（一八五六〜一九二五）より「勅語の御話」を聞かれ、「迪宮《みちのみや》（裕仁親王の幼名）はね、朕《ちん》といふのは始めのことで、冀《こいねが》ふはおしまひのことと思ってゐた」と話しておられるから、意味まで理解されることは無理だったかもしれない。

そこで、東宮御学問所においては、杉浦御用掛が第一学年後期の「倫理」第二課で、全十一回にわたり「教育勅語」を講述したのであり、その後も折に触れて勅語の趣旨をとりあげている。しかもその都度、杉浦は勅語を大声で奉読し、「…世々厥《そ》ノ美ヲ済《な》セルハ……」という所を、なぜか「ヨヨ」でなく「セイセイ」と読んだので、裕仁親王も必ず「セイセイ」と読まれるようになった。そのため小笠原幹事が、「世間では普通に〝ヨヨ〟と読み居ります」とご注意したが、その後も「依然として〝セイセイ〟とお読み遊ばされた」という（大町桂月・猪狩史山共著『杉浦重剛先生』政教社刊）。それほど杉浦の影響がいかに大きかったかを推測させるエピソードといえよう。

この「教育勅語」に即した御進講は本書に全文収録したとおり、満十三歳の少年皇太子にご理解いただきやすいよう、字句の解釈から徳目の説明まで、歴史上の、具体的な人物エピソードや詩歌・名言などを縦横に引用しながら、懇切に行われている。

しかも、英語の得意であった杉浦は、明治四十年（一九〇七）文部省の作った「教育勅語」の英訳文で、「我が臣民」の「我」をourと複数に訳していること（第一回）、また「恭倹己レヲ持シ」の「恭」をmodesty（慎み深き事、謙遜）、倹をmoderation（節制・中庸・適度）と訳していること（第七回）などを援用することにより、それが正しく「中外ニ施シテ悖《もと》ラズ」と言いうることを示している。

ただ、学年末に時間が足りなくなったのか、最後の第十一回は「一旦緩急アレバ」以下を一気に説明し、その後半部分は、第二学年以降の御進講中に随時とりあげている。

とりわけ、末尾「朕、爾《なんじ》臣民ト倶《とも》ニ拳々服膺《ふくよう》シテ、咸《みな》其徳ヲ一ニセンコトヲ庶幾《こいねが》フ」に関しては、第五学年一学期ⓐ115に「咸有㆓一徳㆒」の項目を立て、次のように詳しく説いている。

すなわち、「徳を一《いつ》にする」という表現は、『尚書』の「咸有《モツ》㆓一徳《ヲ》㆒」から採った語である。元《もと》田《だ》永《なが》孚《ざね》翁（「教育勅語」原案起草者の一人）も、明治天皇への御進講録中に「人君の一徳、終始易《かわ》りなく純一なりますれば、天下の人、心必ず一に帰するものでござります」と述べている。

これを歴史に徴してみると、夏の桀《けつ》王、殷の紂《ちゅう》王、周の幽《ゆう》王、新の王莽《おうもう》、わが国の平清盛や北条高時など、いずれも「其の徳を一にすること能はず――終《つい》に其の身を滅ぼす」に至った。それに対して、夏の禹《う》王、わが国の中大兄《なかのおおえ》皇子、アメリカのワシントンなど、いずれも「能《よ》く其の徳を一にしたる好適例」であり、特に神武天皇・仁徳天皇・醍醐天皇・村上天皇など「終始一徳を有《も》たせられた」のである。

御成婚直後の皇太子（昭和天皇）と同妃良子女王（香淳皇后）
昭和13年（1924）1月に結婚から昭和初めまで住まわれた赤坂離宮（現在の迎賓館）での記念写真

それゆえ、「人は生まれながらにして善良の性を有する」が、歳長ずると「種々の誘惑」に負け「久しきに亘りて其の徳を一にするもの」は少ない。しかし、「よく酒・色・財の如き誘惑物に惑はさるることなく、常に己に克《か》ちて礼に復《かえ》ることを勉めて怠らざれば、即ち其の徳を一にすることを得《う》」と結んでいる。

およそ一般に守るべき人倫道徳は数多くあるが、明治の『大日本帝国憲法』で統治権の総攬者とされた天皇、およびその皇位継承者たちにとって、最も重要な徳目は、正に「徳を一にする」（徳性を一貫して保有する）ことにほかならない。それを少年皇太子に進講して〝君徳〟の涵養を促すことこそ、杉浦御用掛に求められた最大の任務であった。その成果は、幸い〝類い稀な二十世紀の名君〟昭和天皇の御人徳に結実したのである。

なお、杉浦は大正七年（一九一八）皇太子妃に内定された久邇宮良子女王《くにのみやながこにょおう》の御学問所御用掛も兼任していた。その最中、良子女王に対して〝色盲遺伝〟の疑いをかけ、久邇宮家に御婚約辞退を迫る一部の策動が同九年に表面化した。そこで杉浦は、もし皇室で一たん内定された約束事を取り消されるならば、「吾が平生進講したる倫理をして全く生命なからしめる」ことになる、と懸命に反対を唱えた。いわば〝純血論〟を退けて〝人倫論〟を貫き通した。皇室にとっては、血統に優るとも劣らず人倫（信義）の重要なことが再認識されたのである。

これは正に「倫理なるもの……貴ぶ所は〝実践躬行《きゅうこう》〟の四字にあり」と御進講してきた老教師が、それを命懸けで率先垂範したことにもなろう（詳しくは拙稿「久邇宮《くにのみや》良子女王（香淳《こうじゅん》皇后）と杉浦重剛」『歴史と旅』平成十二年九月号参照）。

六　「教育勅語」を活かす努力

ところで、明治二十三年（一八九〇）十月三十日、「教育に関する勅語」が出されてから、はや百三十年以上になる。この「教育勅語」は、戦後の「教育基本法」制定当初、「両者矛盾せず、相補うべきもの」といわれていた。しかしながら、GHQの口頭命令により、まもなく（昭和二十三年六月）衆参両院で排除・失効の決議をされてしまった（高橋史朗氏「教育勅語の廃止過程」

『占領教育史研究』創刊号所載）。そこで、講和独立（同二十七年四月）の前後に天野貞祐《あまのていゆう》文部大臣は㋑『国民実践要領』を作り、やがて中央教育審議会が㋺『期待される人間像』を示している。

このうち㋑は、吉田内閣の天野文相が、昭和二十五年（一九五〇）十一月、都道府県教育長会議で「教育勅語に代る『教育要領』とでもいうものを作成したい」と発言し、翌二十六年十一月、参議院文教委員会に文相作成の『国民実践要領』を提出した。けれども、当時強大な日教組勢力などの反対運動で白紙に戻され、同二十八年に至り前文相の「私案」として発表されたにすぎない。その全四章から成る本文の項目は、左の通りである（『天野貞祐全集』第四巻所収、栗田書店）。

第一章　個人

⑴人格の尊厳　⑵自由　⑶責任　⑷愛　⑸良心　⑹正義　⑺勇気　⑻忍耐　⑼節度　⑽純潔　⑾廉恥　⑿謙虚　⒀思慮　⒁自省　⒂知恵　⒃敬虔

第二章　家

⑴和合　⑵夫婦　⑶親子　⑷兄弟姉妹　⑸しつけ　⑹家と家

第三章　社会

⑴公徳心　⑵相互扶助　⑶規律　⑷たしなみと礼儀　⑸性道徳　⑹世論　⑺共同福祉　⑻勤勉　⑼健全な常識　⑽社会の使命

第四章　国家

(1)国家　(2)国家と個人　(3)伝統と創造　(4)国家と文化　(5)国家の道義　(6)愛国心　(7)国家と政治　(8)天皇　(9)人類の平和と文化

また㋺『期待される人間像』は、昭和三十八年（一九六三）に荒木万寿夫《ますお》文相の諮問《しもん》を受けた中央教育審議会が、同四十一年十月に答申したものである。その第二部「日本人に特に期待されるもの」は、まさに㋑を承けて「個人・家族・社会人・国民」の四章から成る。その第四章「国民として」の全文は、左の通りである。

教育再建に尽力した天野貞祐博士（右）と高坂正顕博士（左）

天野貞祐（1884～1980）：京都帝大で東洋哲学を専攻し、昭和6年（1931）同大で文学博士・教授。同25年（1950）吉田茂首相に乞われて文部大臣。その在任中に『国民実践要領』をまとめて発表。同39年（1964）獨協大学を創立、初代学長を務めた。

高坂正顕（1900～1969）：京都帝大で西田幾多郎博士に師事し、昭和15年（1940）同大教授となり、京都学派として活躍。戦後GHQにより公務追放となったが、同30年（1955）京大教育学部長、同36年から東京学芸大学学長、その在任中に文部省の中央教育審議会として「期待される人間像」をまとめた。

一　正しい愛国心をもつこと。

今日世界において、国家を構成せず国家に所属しないいかなる個人もなく、民族もない。国家は、世界において最も有機的であり、強力な集団である。個人の幸福も安全も国家によるところがきわめて大きい。世界人類の発展に寄与する道も国家を通じて開かれているのが普通である。国家を正しく愛することが国家に対する忠誠である。正しい愛国心は人類愛に通ずる。

真の愛国心とは、自国の価値をいっそう高めようとする心がけであり、その努力である。自国の存在に無関心であり、その価値の向上に努めず、ましてその価値を無視しようとすることは、自国を憎むことともなろう。われわれは、正しい愛国心をもたなければならない。

二　象徴に敬愛の念をもつこと。

日本の歴史をふりかえるならば、天皇は日本国および日本国民統合の象徴として、ゆるがぬものをもっていたことが知られる。日本国憲法（第一条）は、そのことを「天皇は、日本国の象徴であり日本国民統合の象徴であって、この地位は、主権の存する日本国民の総意に基く。」という表現で明確に規定したのである。もともと象徴とは、象徴されるものが実体としてあってはじめて象徴としての意味をもつ。そしてこの際、象徴としての天皇の実体をなすものは、日本国および日本国民の統合ということである。しかも象徴するものは象徴されるものを表現する。もしそうであるならば、日本国を愛するものが、日本国の象徴を愛するということは、理論上当然である。

天皇への敬愛の念をつきつめていけば、それは日本国への敬愛の念に通ずる。けだし日本国の象徴たる天皇を敬愛することは、その実体たる日本国を敬愛することに通ずるからである。このような天皇を日本の象徴として自国の上にいただいてきたところに、日本国の独自の姿がある。

三　すぐれた国民性を伸ばすこと。

世界史上、およそ人類文化に重要な貢献をしたほどの国民は、それぞれに独自な風格をそなえていた。それは、今日の世界を導きつつある諸国民についても同様である。すぐれた国民性と呼ばれるものは、それらの国民のもつ風格にほかならない。明治以降の日本人が、近代史上において重要な役割を演ずることができたのは、かれらが近代日本建設の気力と意欲にあふれ、日本の歴史と伝統によってつちかわれた国民性を発揮したからである。

このようなたくましさとともに、日本の美しい伝統としては、自然と人間に対するこまやかな愛情や寛容の精神をあげることができる。われわれは、このこまやかな愛情に、さらに広さと深さを与え、寛容の精神の根底に確固たる自主性をもつことによって、たくましく、美しく、おおらかな風格ある日本人となることができるのである。

また、これまで日本人のすぐれた国民性として、勤勉努力の性格、高い知能水準、すぐれた技能的素質などが指摘されてきた。われわれは、これらの特色を再認識し、さらに発展させることによって、狭い国土、貧弱な資源、増大する人口という恵まれない条件のもとにおいても、世界の人々とともに、平和と繁栄の道を歩むことができるであろう。

現代は価値体系の変動があり、価値観の混乱があるといわれる。しかし、人間に期待される諸徳性という観点からすれば、現象形態はさまざまに変化するにしても、その本質的な面においては一貫するものが認められるのである。それをよりいっそう明らかにし、あるいはよりいっそう深めることによって、人間をいっそう人間らしい人間にすることが、いわゆる人道主義のねらいである。そしてまた人間の歴史の進むべき方向であろう。人間として尊敬に値する人は、職業、地位などの区別を越えて共通のものをもつのである。

ところが、この㋺も国会内外で賛否両論にさらされて、いつの間にか忘れ去られてしまった。

それは何故だろうか。理由は少くとも二つ考えられる。

その一つは、かつての「教育勅語」は、明治天皇みずから「咸《みな》其ノ徳《とく》ヲ一《いつ》ニセンコト」を宣言して、現に日々それを実践躬行《きゅうこう》されたから、多くの国民に説得力をもった。それに対して、戦後の㋑も㋺も、有意義な心得を並べた作文にすぎず、訴える力が弱いといわざるをえない。

もう一つは、「教育勅語」が文語調の短い名文で暗誦しやすく全国の小学生に覚えさせる努力を続けた。それに較べて、戦後のイもロも表現が平板で説明が長く、教師も生徒たちもほとんど読む機会すら少なかったからである。

わが国は、今あらゆる分野で〝モラル・ハザード〟（道徳崩壊）が露呈して、オーソドックスな〝徳育〟の建て直しを迫られている。それには、個別的な対応策だけではなく、むしろ根本的に被占領下で定められた「教育基本法」も、講和独立後に作られたイやロなども、あらためて存分に検討を加え、新たな教育指針を確立する必要があろう。

その際、明治の先賢が日本的な〝実践道徳規範〟の精粋を纏《まと》めあげ、若き日の昭和天皇も真剣に学ばれた「教育勅語」は、戦前の〝遺産〟のひとつとして参考に供される資格を十分に有すると思われる。

ちなみに、神奈川県鎌倉にある栄光学園のグスタフ・フォス校長（ドイツ出身の神父〈一九一二〜一九九〇〉）は、占領下でもＧＨＱの警告を意に介することなく、高校生たちに「教育勅語」を講義し続け、「これはカトリックの倫理綱領と同じです」「日本人としての生き方を示す根本倫理が表現されている」と説いてきたといわれている（桐蔭横浜大学鵜川《うかわ》昇学長）。

また、伊勢の皇学館高校（中学校併設）では、毎年十月三十日に全校生徒が「教育勅語」を毛筆で清書し、「父母（保護者）に感謝する作文」を書く行事が続けられ、徳育に実効をあげている。これに類する私立学校は、他にも国内のみならず台湾やブラジルなどにもあるという。

このような例をみると、「教育勅語」は被占領下で公教育の場から姿を消したにも拘らず、独立国の日本にふさわしい国民教育を目指す人々が、勅語に代る前掲㋑㋺のようなものを作成したり、また勅語そのものを教材として活用する努力により、それ相応の成果をあげていることは確かである。

この「教育勅語」は、本文わずか三一五文字にすぎないが、一世紀以上にわたる風雪を経て、今なお現代人に訴える底力があるということであろう。

（平成十二年九月三十日稿、同十四年九月三十日加筆、令和六年二月十三日補訂）

【付　記】

明治二十三年（一八九〇）十月「教育勅語」が出されて百二十年になる。しかし、その後半六十年は、それが被占領下の国会決議により公教育の場から排除されたまま空白状態にある。小中高の教科書には、歴史資料としてすら載せていない。

ただ、平成十八年（二〇〇六）十二月「教育基本法」が改正された。その第二条（教育の目標）に「豊かな情操と道徳心を培《つちか》う」「公共の精神に基づき…社会の発展に寄与する」「伝統と文化を尊重し…我が国と郷土を愛する…態度を養う」ことなどが的確に盛り込まれている。

これは「教育勅語」と同様の趣旨を現代風に表現し直したものといえよう。しかも、その具体的なお手本は、「教育勅語」を体得された昭和天皇（および香淳皇后）と、その御心を受け継がれた今上陛下（および皇后陛下）により示されている。

いま私ども一般国民、とりわけ家庭の親、職場の上司、社会のリーダーなどに求められているのも、子供や後輩たちの手本として信頼され敬愛される日常的な言動であろう。あらためて本書から学ぶことは多い。

（平成二十一年六月十六日記）

【補　記】

平成十二年（二〇〇〇）に文庫判（二年後に新書判）で出版された本書は、幸い好評をえて版を重ね、このたび杉浦重剛翁の生誕百七十年目を迎え、逝去から満百年の機会に、装いも新しく四六判で刊行されることになった。まことにありがたい。勉誠社の吉田祐輔社長と編集担当の和久幹夫氏、および校正に協力をえた廣瀬重見氏に、あわせて感謝し御礼を申し上げます。

（令和六年五月二十五日記）

【追　記】

「教育勅語」に関する研究書・解説書は枚挙にいとまもないほど多いので割愛した。その代りに筆者が本書所収の解説以外に、「教育勅語」成立から百二十年の平成二十二年（二〇一〇）秋ころ、集中して次のような資料集成と論考をまとめた。参考にして頂けたら幸いである。

㋑「教育勅語」関係資料抄（明治神宮崇敬会、平成二十二年十月）
㋺「教育勅語」誕生の経緯と特徴（日本学協会『日本』六〇巻一二号、平成二十二年十二月）
㋩明治天皇と教育勅語（『関西師友』六三一号～六三五号、平成二十三年六月～十月）
㊁杉浦重剛の「教育勅語」御進講（『明治聖徳記念学会紀要』四七巻、平成二十三年一月）

※以上の四篇は、拙著『皇室に学ぶ徳育』（平成二十四年三月、モラロジー研究所）に収録した。

人名索引

(神名も含めたが、補注の人名は未収)

著者略歴

杉浦重剛（すぎうら・しげたけ）

安政2年（1855）3月、近江国膳所藩生まれ。大学南校（のち東大、理学）卒業後、明治9年（1876）から英国留学。同15年、東大予備門長。同18年、東京英語学校（のち日本中学校）設立。同25年から30年余り日本中学校校長（子孫健在）。

大正3年から同10年まで東宮御学問所御用掛（「倫理」担当）。同13年（1924）2月、皇太子殿下（昭和天皇）と久邇宮良子女王（香淳皇后）御成婚を見届け、数え70歳で逝去。

主著『杉浦重剛全集』全6巻（思文閣出版）など。

解説者略歴

所　功（ところ・いさお）　http://tokoroisao.jp/

昭和16年（1941）12月、岐阜県出身（小田原市現住）
〃　41年（1966）3月、名古屋大学大学院文学研究科修士課程修了（国史学専攻）
〃　61年（1986）9月、法学博士（慶應義塾大学・日本法制文化史）
令和元年（2019）11月、日本学賞受賞（宮廷儀式の研究）
職歴：皇學館大学教員（9年間）、文部省教科書調査官（6年間）、京都産業大学教授
（教養部→法学部・日本文化研究所、31年間）、モラロジー研究所教授（10年間）
現在、京都産業大学名誉教授、國民会館理事など

教育勅語《きょういくちょくご》
――少年昭和天皇への進講録

著者　杉浦重剛
解説　所　功
発行者　吉田祐輔
発行所　㈱勉誠社
〒101-0061 東京都千代田区神田三崎町二-一八-四
電話　〇三-五二一五-九〇二一㈹

二〇二四年（令和六）七月三十日　初版発行

印刷・製本　中央精版印刷

ISBN978-4-585-32051-7　C0021